어린이 지식정보책 쓰기

고정욱의 실전 노하우 따라잡기

국립중앙도서관 출판시도서목록(CIP)

어린이 지식정보책 쓰기 : 고정욱의 실전 노하우 따라잡기 / 고정욱
〔지음〕. ─ 서울 : 한국방송통신대학교출판부, 2008
 p. ; cm. ─ (아로리총서 ; 9 - 소통과 글쓰기2)

ISBN 978-89-20-92829-1 04080 : ₩ 5900
ISBN 978-89-20-92820-8(세트)

저술〔著述〕

802.02-KDC4
808.02-DDC21   CIP2008003471

어린이 지식정보책 쓰기

고정욱의 실전 노하우 따라잡기

ⓒ 고정욱, 2008.

2008년 12월 1일 초판 1쇄 펴냄

지은이 ┃ 고정욱
펴낸이 ┃ 장시원

편집 ┃ 김정규
표지 및 본문 디자인 ┃ 보빙사
인쇄 ┃ 신흥 P&P(주)

펴낸곳 ┃ (사)한국방송통신대학교출판부
등록 1982년 6월 7일 제 1-491호
주소 서울특별시 종로구 이화동 57번지 (우)110-500
전화 (02)3668-4764
팩스 (02)741-4570
홈페이지 http://press.knou.ac.kr

〈지식의 날개〉는 한국방송통신대학교출판부의
교양도서 브랜드입니다.

아로리총서 : 소통과 글쓰기-2

어린이 지식정보책 쓰기
고정욱의 실전 노하우 따라잡기

고 정 욱

누구나 책을 써낼 수 있다

며칠 전 나는 청와대를 구경하러 갔다. 내가 후원회원으로 있는 푸르메 재단에서 청와대 소풍을 계획했기 때문이다. 장애를 가진 아동, 그리고 그 부모들과 함께 따뜻한 봄날 청와대를 구경하고 점심 식사를 하게 되었는데 경호실의 높은 분이 방문객들에게 자신이 쓴 책을 일일이 사인해서 나눠 주는 것이 아닌가.

받아 보니 경호 분야에서 평생을 바친 자신의 삶을 담은 책이었다. 밑에서부터 노력해서 높은 지위까지 올라가는 여정을 쓴 것이어서 재미있게 읽었다. 벌써 몇 쇄를 찍은 베스트셀러라고 자랑스럽게 말하는 것을 보면서 사람은 누구나 자신의 목소리를 담은 책 한 권 정도는 내고 싶어 한다는 사실을 다시금 느낄 수 있었다.

주변의 많은 사람들이 작가인 나에게 이런 질문을 한다.

"어떻게 하면 나도 책 한 권 낼 수 있나요?"

문외한이 보기에 책을 내는 것은 참 어려운 일이다. 아는 것도 별로 없고, 글 쓰는 것도 자신 없고, 도서 출판 유통의 메커니즘도 잘 모르고……. 무엇보다 자신이 과연 책을 저술할 능력이 있을까 싶은 것이 문제다.

하지만 걱정하지 마라. 책 내는 일도 사람이 하는 일이다. 하는

데 왜 안 되겠는가? 궁금한 것은 아는 사람에게 물어보면 된다. 이 책의 날개에 있는 내 이메일 주소로 연락해도 된다. 얼마든지 조언을 해줄 용의가 있다. 책 내는 것이 뭐 별건가. 자신의 삶을 진솔하게 담아 독자들에게 깨달음과 지혜를 조금이라도 나누어 줄 수 있다면 그것이 바로 훌륭한 책이다.

그런 나의 대답을 들으면 사람들은 또다시 머뭇거린다.

"나는 글 쓰는 것과는 거리가 먼 전공이어서……."

글 쓰는 전공이 어디 따로 있단 말인가. 절대 그런 것으로 주눅 들 필요는 없다. 모든 전공은 책 쓰기에 아주 좋은 전공이다.

얼마 전 식품영양학을 전공한 후배에게서 전화가 왔다.

"형님, 저도 책 한 권 내고 싶은데 가능할까요?"

"물론이지. 자네 같은 사람이야말로 좋은 책을 쓸 수 있어."

"제가 아는 것이 별로 없는데요?"

아는 것이 없긴 왜 없는가? 식품영양학을 전공해서 식품에 대한 모든 것을 잘 알지 않는가. 웰빙 바람이 불면서 먹거리의 중요성이 강조되는 요즘이다. 사람들은 비만에 시달리고, 영양의 부조화와 환경오염 등으로 건강을 위협받고 있다. 그런데도 우리는 몸에 좋은 음식을 상식으로만 알지, 정말 귀중한 정보는 알지 못한다. 아니면 그릇된 정보를 맹신하고 있다. 이런 마당에 올바른 정보를 엮어 독자들에게 책으로 전달해 준다면 얼마나 기쁘고 보람찬 일인가.

나의 격려에 용기를 얻어 후배는 지금 원고를 열심히 쓰고 있다.

이처럼 어떤 전공을 했더라도 누구나 책을 써낼 수 있다. 체육학을 전공했다면 체육에 관하여, 과학이면 과학, 역사면 역사, 음악이면 음악…… 그 어느 전공이 책을 낼 수 없다는 말인가.

심지어 어떤 사람은 이렇게 묻는다

"나는 가방끈이 짧아서 책을 낼 수 없어요."

가방끈이 긴 사람만 책을 내는 것은 결코 아니다. 자신이 어느 특정 분야에 관심, 흥미, 최소한의 지식과 정보만 있다면 훌륭한 책을 쓸 수 있기 때문이다. 나에겐 아무것도 아닌 일인 것 같지만 남들에게는 소중한 정보가 될 수 있으니까.

▶ 문학을 전공한 필자가 공부하며 만난 위대한 독서가와 문필가들을 소개한 대표적 지식정보책이다.

자, 용기를 내야 할 때다. 우리는 누구나 책을 쓸 수 있다. 한평생을 살면서 쌓은 지혜는 책 한 권으로도 모자란다. 이 책은 그런 사람들을 위한 것이다.

나 역시 문학을 전공했지만 문학 작품 이외에도 다양한 관심사를 책으로 만들어 낸다. 인터넷 서점에서 '고정욱'을 검색해 보기 바란다. 2008년 5월 현재 e-book을 제외하고 130여 권의 책이 내 이름으로 나와 있다.

나는 의대를 가기 위해 고등학교 때까지 이과 공부를 했다. 물리, 화학, 생물 등 어려운 이과 과목을 공부하다가 대학 입시 문턱에서 좌절했다. 그때만 해도 장애인은 의대에 입학할 수 없었기 때문이다. 그래서 문과로 왔을 뿐이지, 나의 관심은 여전히 자연과학 쪽이다. 그 덕에 오히려 요즘은 이과와 문과를 넘나드는 작업을 할 수 있는 작가라고 스스로 자부한다. 수학 소설도 쓰고 있을 뿐만 아니라 자연과학에 대한 관심을 각종 책으로 펴내려고 구성하고 기획하고 있다.

다시 한 번 말하거니와 책은 누구나 쓸 수 있다. 지금부터라도 대학 때 보고 처박아 두었던 전공 책을 꺼내 놓고 자신이 가장 잘 아는 이야기를 책으로 꾸며 보자. 이 책은 바로 그런 사람들을 위한 것이다. 기획해서 책을 내는 나의 방법을 따라 하다 보면 어느새 여러분도 좋은 책을 펴내는 필자가 될 수 있다.

이 책은 책의 발상부터 완성까지 쉽게 따라 할 수 있도록 구성했다. 무엇보다 미래의 주인공인 어린이들이 읽고 재미있게 받아들여서 지식과 정보를 성장의 밑거름으로 만드는 책을 구상해 보고자 한다. 어린이들이야말로 우리의 미래가 아닌가.

그리고 출판 시장에서 가장 큰 분야는 아동 도서 시장이다. 작년(2007년) 한 해 출판 시장을 100으로 본다면 아동 도서 시장이 이미 50을 넘어섰다.

대한출판문화협회가 발표한 지난해 출판 통계에서 출판 시장의 절반 이상이 아동 도서로 이루어졌다는 결과가 나와 시선을 끌고 있다. (중략) 지난해 출판된 책은 1억 3,250만 3,119부로 집계되었으며 이는 2006년 1억 1,313만 9,627부보다 17.1% 증가된 수치다. 특이할 만한 것은 이 가운데 아동 도서가 168.9%나 급증하는 기현상을 보였다는 것. 아동 도서는 전체 책 중 50.16%(5,674만 7,059부)를 차지, 출판 시장의 절반 이상을 차지하는 기염을 토했다. 　　　　　자료 : 「시사포커스」(2008.2.18)

그렇다면 내가 내려는 책도 이왕이면 잘 팔 수 있고 팔려서 많은 사람이 읽을 수 있는, 시장의 주류인 아동 도서로 내지 말아야 할 이유가 없다. 소설 초판 3,000부도 잘 팔리지 않는 현실에서 아동 도서의 스테디셀러는 일년에 몇 만 권씩 팔린다. 그러니 지금부터 용기를 내자. 책상 먼지를 닦고, 자신이 알고 있는 지식과 아이디어를 총동원해 보자. 내가 잘 아는 이야기를 우리 아이들에게 들려주는 마음으로 글을 쓰면 그것이 바로 책이 된다.

많은 독자들이 이 책을 읽고 고무되어 좋은 책을 발간하길 바란다. 그것이야말로 우리의 출판문화를 창달하고, 어린이들에게 보다 나은 지식을 전달해 주는 계기가 될 것이라고 믿기 때문이다.

이제 당장 책장으로, 도서관으로, 서점으로 달려가라. 때문은 전공책과 낡은 스크랩, 혹은 자신이 알고 있는 각종 노하우와 메뉴얼들을 책상 위에 꺼내 놓아라. 당신의 전공이 무엇이든 상관없다. 그 전공이야말로 우리 어린이들이 뒤따라 공부하고 익혀야 할 전공이 아니겠는가.

■ **전공별로 책을 내면 좋을 아이디어**(다소 황당할 수도 있으나, 흥미로움)

- 원자력공학 : 핵폭탄 한 개의 열로 라면을 끓인다면 몇 개를 끓일까?
- 의학 : 인간이 앓고 있는 모든 질병
- 사학 : 자객 열전(자객들의 이야기)
- 의상학 : 풀잎 가리개에서 첨단 컴퓨터 옷까지(옷의 역사)
- 체육학 : 고대 올림픽에서는 선수들이 모두 알몸이었다던데(올림픽의 역사)

◇ 연습문제

1. 내가 전공에서 배운 것과 사회의 통념이 다른 것은 무엇이 있나?

2. 어린이들에게 나의 전공이나 경험을 쉽게 설명해 본다면 어떤 식으로 할 것인가?

3. 내가 죽기 전에 우리 아이들에게 꼭 전달하고 싶은 지식이나 노하우가 있다면?

chapter 1

아이디어는 어떻게 얻는가?

아이디어는 어떻게 얻는가?

책을 내려면 아무리 공부를 많이 했거나 특정 분야에 경험이 남다르다 해도 어떤 것을 책으로 내면 좋겠다는 아이디어가 떠올라야 한다. 억지로 짜내는 것보다는 순간 번뜩이는 아이디어가 좋은 책이 될 가능성이 높기 때문이다.

내가 기획한 책 『성적을 올려주는 7가지 동화』 같은 것도 그런 아이디어에서 나온 학습 관련 책이다. 요즘 아이들이 영어, 수학을 열심히 공부하기에 물어본 적이 있었다.

"너희들 그 공부는 왜 하니?"

"그냥요."

헉! 이럴 수가. 죽자 사자 10년 이상이나 하는 공부를 왜 하는지도 모르고 있다니.

어떤 아이들은 또 이렇게 말했다.

"수학은 왜 공부하는지 모르겠어요. 덧셈, 뺄셈, 곱셈, 나눗셈만 공부하면 살 수 있는데……."

그 말을 듣는 순간 내 머리에서 번쩍 스파크가 일어나며 아이디어가 떠올랐다.

'그래. 공부를 하는 데는 반드시 그 이유가 있는데 우리 아이들은 그 이유를 잘 모르는구나. 그렇다면 각 과목별로 왜 공부하는지 알려 주는 책을 기획해야겠다.'

그래서 나온 기획이 국어, 영어, 수학 같은 각 과목별로 작가들이 동화를 한 편씩 쓰는 것이었다. 국어를 왜 공부하는지, 영어를 공부하면 무엇이 좋은지 등을 짤막한 단편 동화 엮음으로 만들고 그 뒤에 관련되는 지식·정보를 소개했다.

결과는 물론 좋았다. 어린이들에게 공부해라, 공부해라고만 했지 구체적으로 각각의 과목을 왜 공부해야 하는지는 사실 누구도 똑 부러지게 설명해 준 적이 없기 때문이다.

이처럼 번뜩이는 아이디어는 항상 책을 쓰려는 사람에게 큰 도움이 된다. 더 솔직히 말하면 아이디어는 곧 돈인 것이다. 앨빈 토

플러가 『부의 미래』에서 이야기했다. 미래 사회에서는 지식과 경험이 곧 돈이라고.

빨래를 하다가, 밥을 먹다가, 사람을 만나다가 문득 떠오르는 아이디어는 바로바로 메모를 하고 기억을 남겨야 한다. 아, 이런 책을 내면 좋겠다, 아, 저런 아이디어로 책을 내면 아이들에게 도움이 되겠다……

아이디어는 언제든지 솟아오른다. 그렇게 허공에 떠돌아다니는 아이디어를 잠자리채로 잡는 것, 그것이 당신이 해야 할 일이다. 이 잠자리채는 휘두르면 휘두를수록 촘촘해지고 커진다는 사실을 잊지 말자.

그럼 지금부터 구체적으로 어디에서, 어떻게 아이디어를 찾아내는지 알아보자.

1. 신문과 방송에서

우리가 정보를 가장 많이 접하는 곳이 신문과 방송이다. 한마디로 그것들은 아이디어의 샘을 자극할 수 있는 기본적인 지식, 정보의 창고라 해도 과언이 아니다.

이러한 매체들을 통해 지식, 정보를 얻을 때도 필자가 되고자 하는 사람이라면 항상 문제의식을 가지고 있어야 한다.

'저건 왜 저럴까? 과연 그런가? 좀 더 알고 싶다.'

혹은 이렇게 생각할 수도 있다.

'어떻게 하면 좀 더 쉽게 사람들에게 이 지식을 전달할까?'

이런 생각을 하다 보면 당신의 아이디어 그물망에 멋진 놈이 걸리게 되어 있다.

나의 경우에는 신문을 읽을 때 완급을 조절해 읽는다. 관심이 있는 기사와 그렇지 않은 기사를 '설렁설렁'과 '꼼꼼'이라는 두 가지 방법으로 읽는 것이다. 시간 절약과 정보 수집의 절충인 셈인데 그런 식으로 읽다 보면 번뜩이는 아이디어가 문득 떠오른다. 김점선 화백은 그것을 '천사의 속삭임'이라고 표현했다. 뛰어난 표현

이 아닐 수 없다. 도저히 내 생각이라고 여겨지지 않는 기발한 생각이 누구에게나 떠오르게 된다. 그 속삭임을 선물로 만들려면 항상 수첩과 필기도구를 곁에 준비해야 한다. 수첩은 스프링이 달리고 뒤로 넘길 수 있으면 된

다. 가끔 보면 수첩을 넘길 때 뒷면도 쓰는데 앞면만 쓰는 것이 나중을 위해 좋다. 아낀다고 뒷면까지 쓰면 필요할 때 앞뒤로 넘겨

스티븐 호킹 부녀 블랙홀 신비를 소설에 담다
한국일보 · 기자일자 2005/04/19 05:25

조지의 우주를 여는 비밀 열쇠/스티븐 & 루시
호킹 지음·김혜원 옮김/랜덤하우스 코리아
발행 · 396쪽 · 1만2,000원

지구 저궤도(고도 800~1,500km)를 선회하고 있는 각종 물체 사진(4월 17일자 본보 1면)에 사람들은 숨이 턱턱 막혔을 것이다. 우주를 정복해 보겠다는 인간의 욕망은 그토록 누추한 흔적을 남긴다.

루게릭병으로 젊어서 사형부 인생을 선고 받았던 물리학의 천재 스티븐 호킹. 우주의 끝을 보았을 이 천재가 처음으로 소설의 형식을 빌어 인간의 꿈과 우주의 비밀을 풀어 보인다. 소설가인 딸 루시가 그녀의 아버지와 함께 인간과 우주의 환원 게임으로 초대한다. 주인공인 소년 조지가 별은 물론 블랙홀까지 여행하면서 우주의 비밀과 현대 물리학의 내면을 펼쳐 보인다.

각기 개성으로 뭉쳐 있는 등장 인물들이 호기심을 부추긴다. 현대 과학을 깡그리 무시하는 그린비 부부, 슈퍼 컴퓨터를 만드는 천재 과학자, 갈난적 하기 좋아하며 실체로 세상에서 가장 쪽쪽한 컴퓨터 코스모스, 음모의 눈으로 세상을 보는 과학 선생 리퍼 등이다. 그린비 부부의 영리한 아들 조지와 코스모스가 단짝이 돼 문제를 풀어낸다. 영어와 몸이 된 천재 과학자가 세상을 향해 내미는 유머의 정신이 책 전체에 스며 있다.

조지가 혜성에 착륙한 대목을 보자. '몸이 아주 가벼운 느낌이 왔다. 주위로 눈물 줄러 물멍이와 얼음과 눈과 어둠을 보았다. 거대한 눈덩이 위에 서 있는 것 같았다. 별들이 곳곳에서 밝게 빛나고 있었다. 그런 지구에서 보았던 반짝이는 빛과는 전혀 다르게 활활 타고 있었다.'(137쪽) 영화 〈딥 임팩트〉를 연상케 한다.

과학자의 글답게 이 소설은 허구(fiction)가 아닌 사실(fact)에 비중을 둔다. 호킹은 독자들이 가장 궁금해 할 블랙홀 부분에 대해서는 흥미진진한 허구와 함께 많은 분량의 과학적 정보를 직접적으로 제공한다. 시간은 물론 원근 등 기본적인 물리량부터 이곳과 정반대인 블랙홀의 세계를 하루두 다룰 수 없다는 과학자의 정신이 읽혀진다.

가며 수첩을 보아야 하기 때문에 불편하다.

어느날 아침 신문을 보다가 나는 재미있는 아이디어를 떠올렸다. 천재 물리학자 스티븐 호킹 박사의 딸인 루시의 인터뷰였다. 『조지의 우주를 여는 비밀 열쇠』라는 책을 소개한 지면인데 기사의 제목이 '아빠 호킹 박사는 휠체어 몰기 선수였어요'였다.

장애인인 아빠 밑에서 자란 딸이 책을 냈다는 사실은 흥미로웠다. 일급 지체장애인인 나도 세 아이를 키우는 부모이기 때문이다. 그리고 호킹 박사는 장애의 한계를 뛰어넘은 천재 물리학자가 아닌가.

'그래, 바로 이거야. 호킹 박사를 통해 어린이들에게 과학 지식을 전달하는 책을 만드는 거야.'

평소에 호킹 박사에 대해 관심이 있었고, 나의 입장과 처지에 맞는 소재였기에 이런 아이디어를 잠자리채로 건질 수 있었던 것이다.

여러분도 마찬가지다. 자신이 관심 있는 분야, 자신이 잘 아는 곳에 관심을 기울이고 늘 촉각을 곤두세운다면 얼마든지 좋은 아이디어를 얻을 수 있다. 신문, 방송, 잡지 등……. 이 땅에 널리고 널린 것이 지식과 정보가 아닌가.

단, 주의할 점은 내가 본 기사나 책은 다른 불특정 다수의 독자들도 거의 동시에 본다는 사실이다. 즉, 나와 비슷한 입장에 있는 그 누군가가 내가 접한 그 기사나 방송의 정보를 접하면서 비슷한 아이디어를 떠올릴 수도 있다는 말이다. 전화기를 발명한 알렉산더 그레이엄 벨의 이야기를 기억할 것이다.

프로 발명가인 엘리샤 그레이는 바이올린의 음을 전기적으로 바꿀 수 있는 '바이올린 수신기'를 창안해 냈다. 이 무렵 발명에 대해서는 잘 모르는 음성학자였던 벨도 바이올린 소리가 아닌 목소리를 변환하는 기계를 발명했다. 1876년 1월 20일, 두 사람은 거의 동시에 미국 특허청에 전화의 특허 신청서를 냈다. 우리는 벨이

두 시간 먼저 신청한 걸로 알고 있는데 사실은 두 사람 다 특허권을 신청했지만 다른 일에 관심을 기울인 그레이와 달리 벨은 자신의 전화를 끊임없이 개량했고, 특허권 소송에서 웨스턴 유니언 회사를 이겨 전화 사업을 주도하게 된 것이다. 비슷한 아이디어가 비슷한 시기에 나올 수 있다는 사실을 보여 주는 아주 좋은 예라 하겠다.

▶ 알렉산더 그레이엄 벨

그래서 강조하지 않을 수 없다. 지식 정보의 생명은 바로 스피드라고. 즉 남들이 아이디어를 내고 실천하기 전에 먼저 아이디어를 선점하는 것이 중요하다.

과거 나의 첫 장편소설이었던『원균』은 이순신 장군이 충신이고 원균이 간신이라는 기존의 통념을 깨는 생각을 우연히 하게 되면서 시작되었다. 그 생각을 깊고 넓게 확장해서 공부를 하다 보니 정말이었다. 역사의 정설에서는 원균이 충신이었는데 우리가 알고 있는 통념은 간신이었던 것이다. 잘못된 통념을 깨는 재미있는 책이 나오겠다는 생각에서 작업을 시작했지

만 책이 나올 때까지 나를 괴롭혔던 것은 바로 누군가가 이와 비슷한 책을 쓰지 않을까 하는 두려움이었다.

'이렇게 손쉽게 찾을 수 있는 것을 다른 작가가 그냥 지나칠 리 없는데…….'라는 생각이 작업하는 내내 나를 괴롭히고 불안하게 만들었던 기억이 아직도 생생하다. 다행히『원균』에 대한 이야기는 아무도 쓰지 않았고 발간 뒤에는 베스트셀러가 될 수 있었다.

기획 아이디어도 이와 마찬가지라는 점을 염두에 두기를 바라며 공개된 열린 정보는 남들보다 빨리 잡아서, 빨리 움직이고, 빨리 발간하는 사람의 것이라는 점도 잊지 않았으면 한다.

2. 서점과 도서관에서

책을 좋아하는 사람이 책을 쓰게 마련이다. 즉, 책을 쓰려는 사람은 책을 늘 가까이 하고 사랑한다. 자기 집에 있는 장서나 아이들 책을 들추어 보다가도 문득 아이디어가 떠오를 수 있다.

책에서 얻은 아이디어는 굉장히 구체적이다. 왜냐하면 이미 책으로 정리되었기 때문에 조금만 새로운 시각으로 접근한다면 금세 새로운 책으로 응용하여 발간할 수 있기 때문이다. 예를 들어 누군가가 세계사를 요약해 담은 책을 한 권 봤다면 어떻게 응용할 수 있을까? 나라면 다음과 같이 할 것이다.

- 한 권으로 읽는 한국사 : 일본사, 중국사, 동양사, 유럽의 역사…….
- 한 권으로 읽는 백과사전 : 국어사전, 영어사전, 인물사전…….
- 한 권으로 읽는 세계요리 : 한국 요리, 중국 요리, 일본 요리…….

• 한 권으로 읽는 이 세상 모든 운동경기 : 게임, 오락, 야외 <u>스포츠</u>…….

아이디어는 이처럼 얼마든지 무궁무진하게 파생되어 나올 수 있다. 프랑크푸르트나 볼로냐 같은 해외 도서전에서 세계의 수많은 책들을 보고 돌아오면 새로운 기획안이 수두룩하게 나오는 이유도 여기에 있다.

▶ 프랑크푸르트 도서전에서 만난 휠체어 타는 강아지. 이 녀석을 모델로 나는 『달려라 달리』라는 동화를 발간했다.

그러나 문제도 있다. 시중에 출간된 책들에서 얻은 기획 아이디어는 누군가, 어딘가에서 책으로 냈거나 내려고 준비할 가능성이 크기 때문이다. '한 권으로 읽는' 시리즈는 인터넷 서점에서만 199권을 검색할 수 있다.

아이디어를 얻으려면 서점이나 도서관으로 나가야 한다. 가서 원하는 분야의 책들을 검색하면 아이디어를 낼 수 있는 좋은 정보를 얻을 수 있기 때문이다.

당신이 누구건 무의미하게 시간을 흘려보내는 대신 동네 서점이나 도서관에 꾸준히 가는 습관을 들일 필요가 있다. 서점에서 책을 읽으면 교양을 쌓을 수 있고, 책에서 아이디어를 얻으면 당신도 필자가 될 수 있기 때문이다. 게다가 필자가 되면 인세까지 받을 수 있다. 자신이 즐거워하고 재미있어 하는 일로 돈까지 벌 수 있는 길이 필자가 되는 것인데 얼마나 좋은가?

일단 서점을 가게 되면 관심 분야를 정하는 것이 좋다. 자신의 전공으로 책을 내고 싶다면 전공에 관한 책들을 꾸준히 읽고, 새로운 지식을 계속 축적해야 한다. 그러면 아이디어가 떠오를 확률이 높아진다. 한마디로 책을 쓰려면 그 분야의 전문가가 되어야 하는 것이다. 그 분야의 책들이 뭐가 나와 있는지 정도는 늘 꿰고 있어야 한다. 그러한 노력도 없이 좋은 아이디어는 결코 나오지 않기 때문이다.

그 중에 유념해야 할 것은 신간이다. 도서관과 서점에는 신간 코너가 있다. 가장 먼저 새로 나온 책부터 샅샅이 뒤져야 한다. 필요하다면 서점의 북마스터나 도서관 사서들에게 아래와 같이 물어보아도 된다.

"어떤 책을 내면 좋을까요?"

"이 분야에는 어떤 내용의 책이 있나요?"

"이런 것을 다룬 책은 없나요?"

질문을 많이 던지면 던질수록 당신이 얻을 수 있는 아이디어는 많아진다.

요즘은 하루에도 몇십 종의 책이 쏟아져 나온다. 신문사 문화부 기자의 얘기를 들어 보았더니 매일 수십 권의 신간이 책상에 배달되어 쌓인다는 것이다. 그렇게 발간되는 신간들을 지면에 다 소개할 수는 없다. 그러니 우리가 신문이나 방송을 통해 알고 있는 신간 정보는 일부에 불과하다. 새로 나온 책들의 대부분은 소개도 되지 못한 채 도서관이나 서점에 깔린다. 반드시 현장에 가서 책을 확인해야 하는 이유는 이것이다.

자신의 전공 분야, 전문 분야의 책을 일주일에 한 번, 혹은 한 달에 한 번이라도 서점이나 도서관에 나가서 살피고 들추어보다 보면 '어, 이런 책도 나왔구나. 그러면 이런 책도 나오겠네.'라는 식으로 연쇄반응적인 아이디어가 떠오른다. 그러한 아이디어는 곧바로 당신의 책이 될 수도 있다.

거듭 말하지만 가장 중요한 것은 신간이다. 신간보다 좀 더 발전된 내용을 담은 책을 내는 것이 새 책이 가진 의미이기 때문이다. 이미 써서 냈는데 비슷한 다른 책이 벌써 발간되었다면 곤란하다.

이런 경우도 있었다. 어떤 사람이 미국에서 좋은 책을 봤다며 열심히 번역을 해서 가져왔다. 그러면서 나에게 출판할 만한 가치가 있냐고 묻는 것이었다. 책의 내용은 좋았지만 도서관 홈페이지에서 검색을 해 보니 이미 일 년 전에 번역, 발간되어 있었다.

"안타깝네요. 좀 알아보시고 책을 번역하지 그러셨어요?"

"죄송합니다. 그냥 책을 보고 푹 빠져서 내가 처음 발견했다고 생각했어요."

절대로 그렇지 않다. 세계는 글로벌화되고 있으며 아마존닷컴 같은 곳에서는 전세계에 책을 판매하고 있다. 내가 가장 먼저 새 책을 읽고 아이디어를 내지 않는 한, 나의 아이디어와 책은 자칫하면 낡은 것이 될 수도 있다. 늘 유념해야 할 것은 신간 정보를 익숙하게 받아들이고 꿰고 있어야만 좋은 책을 낼 수 있다는 점이다. 아직까지 아무도 내지 않은 내용의 책을 내는 것이 지식정보책의 근간이다.

좋은 필자는 부지런한 사람이라는 사실을 명심하는 것이 좋겠다.

3. 실생활에서

실생활에서 얻은 정보는 정말 귀하다. 그런 만큼 그 아이디어는 나만의 것일 가능성도 높다.

나는 호킹 박사의 딸인 루시의 이야기를 읽고 휠체어 몰기 선수였다는 호킹 박사를 생각하며 아이디어를 떠올렸다. 나 또한 휠체어를 타기 때문에 그의 입장이 이해되었던 것이다. 물론 나의 휠체어는 수동이고 호킹 박사의 것은 전동이라는 차이가 있다. 나는 아직 호킹 박사보다는 젊고 건강하며, 다리만 마비되어 팔을 자유롭게 사용해 신변 처리를 할 수 있다. 화장실도 혼자 가고, 옷도 혼자입을 수 있으며, 요리도 하고 빨래도 할 수 있다. 거의 비장애인과 마찬가지이다. 서서 걸어 다니지만 못할 뿐이다.

그러나 호킹 박사는 어떠한가? 호킹 박사는 루게릭 병에 걸려 2년밖에 못 산다는 판정을 스물한 살에 받은 사람이다. 그런 그가 지금까지 살아 있다. 나이는 예순여섯 살. 그의 딸이 서른여덟 살이라는 사실을 보면 그는 정말 오래 살았고, 그의 삶 자체가 기적이다.

어떤 형식이건 그의 이야기를 책으로 내는 것은 좋은 아이디어일 수 있다. 세계적으로 유명할 뿐 아니라 그의 삶에는 드라마가 있기 때문이다.

하지만 호킹 박사가 기적의 인물이라고만 쓴다면 그 책은 종교 서적밖에 되지 않는다. 또한 호킹 박사의 초인적 의지만 강조하면 자서전이나 위인전밖에 되지 않는다. 내가 관심 있는 것은 호킹이 어떻게 살아서 활동할 수 있게 되었는가 하는 문제다.

과거였으면 어떠했을까? 호킹 박사는 아마 폐인이 되고 몇 년 살지 못해 죽었을 것이다. 신체적으로만 본다면 그는 아무짝에도 쓸모없는 인간이다. 그런 호킹 박사를 지금까지 천재적인 물리학자로 살려놓은 것은 무엇인가? 그것은 바로 과학의 힘이다. 나는 여기에서 아이디어를 하나 얻게 되었다.

'그래, 호킹 박사를 호킹 박사답게 만드는 것은 과학이야. 그것에 관한 책을 낼 수 없을까?'

나 역시 장애인이지만 활발히 활동할 수 있게 된 것은 과학의 힘 덕분이다. 자동차를 타고 다닐 수 있고, 휠체어에 앉아 움직인다. 휠체어와 자동차라는 과학이 없었다면 나는 아마 집 밖에 나가지 못하는 재가(在家) 장애인으로 인생을 마쳤을 것이다. 글을 쓰는 컴퓨터, 병원에서 받는 물리치료, 건물을 오르내릴 수 있는 엘리베이터…… 이 모든 것이 나를 돕는 과학 기술이다.

과학과 호킹 박사를 연결할 수만 있다면, 그것은 바로 책을 낼 수 있는 흥미진진한 아이디어다.

실생활은 이렇게 생생한 아이디어를 준다. 부엌에서 설거지를 하다가 떠오르는 의문만 적어도 이 책을 가득 채울 수 있다.

- 수돗물은 어떤 과정을 거쳐서 집으로 오는 걸까?
- 수돗물의 살균은 어떻게 하는 것일까?
- 세제는 어떻게 기름때를 씻는 것일까?
- 싱크대에서 내려간 물은 어디로 가는 것일까?
- 빨래를 널고 말리는 것은 어떤 과정인가?
- 빨래를 하는데 왜 균이 죽을까?
- 음식을 먹으면 어떻게 우리 몸에서 소화가 되어 똥으로 나오는가?
- 먼지를 현미경으로 보면 어떤 성분일까?

어른들은 대략 알 수 있겠지만 어린이들은 다 모르는 의문들이다. 이런 의문을 재미있게 풀고 설명해 주면 어린이들에게 유익한 정보가 될 수 있다.

우리 주변에서 찾아낼 수 있는 아이디어는 무궁무진하다. 이 무궁무진한 아이디어를 낚아채는 것은 바로 실생활에서 눈을 번뜩이는 아이디어 사냥꾼인 바로 당신이다.

4. 아는 사람에게서

아이디어는 꼭 내 안에서만 샘솟는 것은 아니다. 주위에 아이디어가 많은 사람을 만나 대화를 나누다 보면 연쇄반응에 의해서 새로운 아이디어가 떠오르기도 한다. 나도 늘 아이디어를 내는 사람이기 때문에 출판사나 편집자들을 만나면 이런저런 의견을 주고받는다. 머리 좋은 편집자들은 나의 이야기를 듣고 자신의 아이디어를 역으로 제공해 전혀 다른 기획의 책이 나오기도 한다.

얼마 전에 내가 기획한 공병호 박사와의 자기 계발 시리즈도 마찬가지다. 어린이의 자기 계발에 맞게 『다이아몬드』, 『오아시스』, 『슈퍼스타』와 같은 제목으로 리더십, 자기 계발, 비전의 세 가지 주제로 구상을 했다. 이 책의 전제 조건은 공병호 박사의 이론에 맞추어 내가 창작 동화를 쓰는 것이다. 즉 스토리와 이론의 환상적인 결합을 아이디어로 제시했다.

"공병호 박사와 저의 아이디어를 합치면 좋은 책이 나오지 않겠어요?"

나와 그런 이야기를 나눈 출판사 사장은 아이디어가 좋다고 했다. 그런데 나중에 알고 보니 나의 아이디어와는 별개로 스토리 없이 자기 계발의 이론을 바탕으로 한 책도 그가 만들었는데 베스트셀러가 되었다.

이런 식이다. 아이디어를 가진 사람끼리 대화를 나누고 공유하다 보면 좋은 아이디어가 또 떠오른다. 마치 먹을 가까이하면 검어지고 빨간색 인주를 가까이하면 붉어지는 것과 마찬가지다. 그러니 틀에 박힌 사고와 생활을 하는 사람들을 만나 재미없는 이야기를 나누어야 할 이유가 없다. 항상 번뜩이는 기지와 아이디어를 가진 전문가들, 혹은 출판사의 편집장, 영업자들을 만나도 아이디어는 언제든지 나오게 되어 있다.

나의 경우, 직접 아이디어를 내서 출판사에 제안하기도 하지만 역으로 출판사에서 아이디어를 가지고 의뢰를 해 오기도 한다. 그런 아이디어는 논의를 통해서 좀 더 좋은 것으로 발전시켜 나간다.

출판사 영업자들도 좋은 아이디어맨이다. 시장을 알고 있기 때문에 어떤 책을 내면 팔릴 것이라는 감각이 있다. 그들의 이야기에 귀를 기울이다 보면 시장의 흐름을 읽게 되고, 시장에 맞는 책을 낼 수 있는 아이디어가 떠오른다. 영업자를 그저 서점에 책을 가져다 배포하고 파는 사람이라고만 생각하면 오산이다. 어떤 책을 내야 잘 팔릴까만 평생 연구하며 먹고사는 사람들인데 왜 그들에게 아이디어를 얻으려 하지 않는가?

이런 식으로 아이디어를 얻기 위해서는 다양한 분야의 사람들을 만나야 한다. 그리고 다양한 각도의 질문을 던져야 한다.

- 당신이 알고 있는 분야에서 책을 낸다면 어떤 것이 좋을까요?
- 어떤 정보를 어린이들에게 전달하면 좋을까요?
- 우리가 잘못 알고 있는 사실은 없나요?
- 당신의 분야에 재미있는 이야깃거리가 있나요?

누구나 책을 낼 수 있는 한두 가지의 아이디어나 생각들은 있다. 그럼에도 불구하고 그 분야의 사람들이 모두 책을 내지 못하는 이유는 바쁘거나, 다른 일에 신경을 쓰거나 전문성이 떨어지기 때문이다.

그렇다면 우리가 할 일은 간단하다. 그들의 아이디어를 취하는 것! 그리고 열심히 자료 수집을 하고 연구해서 책을 내 것으로 만드는 것이다. 그렇게 되면 모든 영광은 나에게 돌아온다.

그러나 그 영광은 남의 것을 빼앗거나 도둑질한 것이 절대 아니다. 책을 내기까지 얼마나 많은 노력을 하는가. 섣불리 아무나 할수 없는 그 노력의 대가일 뿐이다.

용기를 가져야 한다. 필요한 아이디어가 있다면 천리길도 마다하지 않고 찾아가 물어보고 배우는 자세가 반드시 필요하다.

5. 어린이들에게서

어른들은 아이들을 잘 안다고 생각하지만 이것은 큰 오산이다. 정말 어린이들에게 도움이 되는 이야기나 지식을 글로 쓰려는 사람이라면 기본적으로 어린이들을 좋아해야 한다. 그리고 어린이들에게서 지혜를 얻어야 한다. 어린이들이야말로 우리들의 스승이기 때문이다.

한번은 어느 학교에 강연을 하러 갔을 때였다. 한 어린이가 내게 다가와 말했다.

"선생님, 도서관에 가면 선생님 책이 참 많아요."

책벌레인 아이였다.

"그런데 왜 도서관에 관한 책은 안 쓰세요?"

그 말을 듣는 순간 머리에 불이 팍 켜졌다. 기가 막힌 아이디어였기 때문이다.

그렇다. 도서관에 책을 읽으러 오는 많은 아이들은 도서관을 사랑하고 좋아하는 아이들이다. 도서관에서 벌어지는 흥미진진한 이야기를 책으로 엮으면 얼마나 재미있겠는가.

그 어린이를 만나고 와서 나는 지금 『사랑의 도서관』이라는 책을 쓰고 있다. 불우 어린이가 도서관에 와서 사서와 우정을 나누고 사랑을 배우는 이야기다. 얼마나 재미있겠는가. 기대해도 좋을 것이다.

어린이들이야말로 내 책을 읽는 독자들이고 수요자다. 모름지기 작가라면 그들의 욕구에 맞게 서비스해야 한다. 어린이들이 읽고 싶은 책, 어린이들이 알고 싶은 것, 어린이들이 꼭 유념해야 할 것 등등, 어린이들에게 철저히 맞춤 서비스를 해야만 한다.

"선생님, 수학이 재미없어요."

이런 말을 들었다면 우리는 수학을 재미있게 공부할 수 있는 책을 만들어야 한다.

"선생님 놀고 싶어요."

놀고 싶은 아이들에게는 어떻게 하면 더 잘 놀 수 있는가, 어떻게 하면 더 유익하게 놀 수 있는가를 배우게 하는 놀이 책을 만들어 주어야 한다.

"선생님, 작가가 되고 싶어요."

그러면 어린이들이 작가가 되는 데 도움이 될 책을 만들어 주어야 한다. 어린이들의 의견을 무시하고서 무슨 좋은 책을 낸다는 말인가. 지금 당장 우리 자녀들에게 물어봐야 한다.

"무슨 책이 재미있겠니? 어떤 책을 내면 좋겠니? 네가 읽고 싶은 책은 무엇이니?"

인생을 살다 보면 모순을 느낄 때가 자주 있다. 붕어빵엔 붕어가 없다는 우스개도 있지만 국가와 민족을 위해 충성한다는 사람치고 국가와 민족을 생각하는 사람은 별로 없는 것도 마찬가지다. 어린이를 잘 안다는 작가가 정작 어린이를 몰라서는 곤란하다. 아동문학을 하고, 아동 도서를 내겠다면서 정작 아이들을 만나지도 못하고, 아이들과 접해 보지 않은 사람은 결코 좋은 필자가 될 수 없다.

어린이들에게 무슨 책을 가장 읽고 싶어 하는지 물어보면 십중팔구 돌아오는 대답은 만화책이다. 그러면 그것도 또한 아이디어다. 만화를 통해서 아이들에게 지식을 전달할 수 있다면 그 방법도 외면하지 말고 선택해야 한다. 과거의, 만화에 대한 나쁜 고정관념은 버려라. 요즘 얼마나 잘 만든 만화책이 많은지는 서점에 나가서 조금만 관심을 가지고 살펴보면 금방 알 수 있다.

요즘은 원 소스 멀티 유즈(One Source Multi Use)의 시대다. 아

이디어가 하나 있으면 책, 영화, 연극, 만화로 얼마든지 다양하게 장르를 변용할 수 있다. 『해리 포터』를 쓴 조앤 롤링을 보라. 전세계에 3억 권의 책을 팔았다고 한다. 영국의 재벌에 들어갈 정도의 부를 축적했으며, 세계적인 명성을 얻었다. 그것은 모두, '해리 포터'라는 원 소스를 멀티 유즈

한 결과다.

이것은 모두 책의 힘이고 글의 힘이다. 여러분도 할 수 있다. 지금 당장 컴퓨터를 켜고 아이디어를 정리하고 기록한다면 할 수 있다. 나에게 스티븐 호킹 박사의 이야기가 또 다른 어린이 지식정보책이 될 수 있다고 확신을 주는 것과 마찬가지이다. 어린이들이 좋아하는 스티븐 호킹, 그에게 어떻게 접근할 것인가. 그것은 나만의 독창적인 아이디어와 승부로 결정될 것이다.

┌─ ■ 아이디어를 제고하기 좋은 책 ─────────
│ • 『브레인 스토밍』(찰스 클라크, 거름)
│ • 『40가지 창의적 아이디어 도출법』(신민수, KMAC)
└──────────────────────────────

연습문제

1. 우리 집에 있는 책 가운데에서 가장 잘 썼다고 생각되는 책은 무엇인가?

2. 우리 집에 있는 책 가운데에서 내가 써도 이보다는 낫게 쓸 것 같은 형편없는 책은 무엇인가?

3. 우리 아이가 읽고 싶은 책은 무엇인지 물어봐서 파악해 보자.

4. 내가 우리 아이에게 써서 읽히고 싶은 책은 무엇인가?

chapter 2

기획안 만들기

기획안 만들기

아이디어를 얻고 나면 그 다음부터는 고통의 작업이 시작된다. 아이디어를 구체적으로 형상화해서 책으로 만드는, 수많은 시행착오를 거쳐야 하는 어려운 일이 기다리고 있기 때문이다.

내 USB 메모리 안에 '기획안'이라는 폴더가 있다. 10년 이상의 자료를 채워 넣은 이 폴더 안에는 수백 개의 기획 아이디어가 쌓여 있다. 지금 유효한 것도 있고, 이미 폐기된 것도 있으며, 새로 구상하는 것도 있다.

편집자들이 와서 그 기획안 폴더를 열어 보고 싶어 하지만 잘 공개하지 않는다. 기획은 어디까지나 기획일 뿐, 책이 아니기 때문이다. 수시로 생각하고 주위의 의견을 듣고 다듬어야 한다.

필자가 되고자 하는 사람들, 특히 지식정보책의 저자가 되려는 사람들에게 꼭 얘기하고 싶은 것은 이것이다. 일단 먼저 펜을 들어서 무작정 쓰기부터 시작하는 것은 곤란하다는 사실이다. 여기에 얽힌 재미난 에피소드가 있다.

대학교에 입학해 리포트라는 것을 처음으로 써서 제출했다. 그런데 그 과목 조교가 들어와 채점한 리포트를 우리에게 돌려주며 말했다. 그것도 아주 한심하다는 듯.

"너희들 리포트 쓰는 법을 전혀 모르는구나."

그 순간 이제 갓 대학에 들어온 새내기인 우리들의 얼굴은 일제히 붉어졌다.

"내가 좀 가르쳐 주지."

대학원생이던 조교는 아무것도 모르는 신입생들이 안쓰러웠던 모양이다.

"리포트는 무작정 쓰는 것이 아니다. 준비와 계획이 있어야 하니까 서론, 본론, 결론에 따라 목차부터 신경 써서 짜야 한다. 그 목차를 짜 놓으면 리포트는 다 쓴 것이나 마찬가지다."

그 말을 해 준 조교가 지금도 기억이 난다. 오히려 대학교 때 국어 작문 시간에 교수에게 배운 것보다 백 배나 큰 가르침을 주었기 때문이다.

책을 쓰려고 할 때 기획안을 짜고 목차를 구성하면 지식정보책은 다 쓴 것이나 마찬가지다. 그 이유는 간단하다. 책을 쓰기 위한 목적이 결정되기 때문이다. 이런 기획안이 나오면 출판사를 만나 이야기를 나눌 수 있다.

출판사는 편집 전문가들이 모여 있는 곳으로 시중에 나와 있는 책들의 현 수준과 상황을 죽 꿰고 있다. 기획안 한 장만 봐도 그 아이디어가 좋은 아이디어인지, 고리타분한 것인지, 진부한 아이디어인지 바로 판단한다. 그렇기에 나는 기획안을 완성하면 출판사에 먼저 이메일로 보내 의견을 묻는다. 나의 출판 기획안에 대한 출판사들의 반응을 보는 것이다. 그러면 바로 출판하겠다는 곳도 있고, 자기네와 맞지 않는다거나 좀 더 검토할 시간을 달라는 곳도 있다.

기획안을 보내 채택되기까지는 시간이 좀 걸린다. 몇 군데에서 거절을 당하는 것이 보통이며 바로 통과되는 경우는 많지 않다. 책을 많이 낸 나도 기획안을 여러 번 퇴짜를 맞았다. 그만큼 하나의 아이디어를 책으로 만들기란 쉽지 않기 때문이다.

그러나 굴할 필요는 없다. 조금이라도 나은 책을 만들기 위해 그만큼 보강을 하라는 뜻이기 때문이다. 의견을 듣고 깊은 고민을 통해 아이디어를 확장시키거나 축소시키는 등의 보강을 하면 결국은 마음에 드는 기획안이 나올 수 있다.

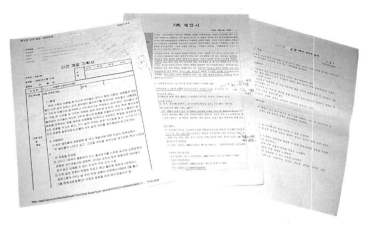

다만, 주의해야 할 점은 기획안을 결코 장황하게 쓸 필요가 없다는 점이다. 서툰 기획자들은 자신의 기획안을 돋보이게 하려고 많은 것을 첨부하는데 그러다 보면 기획서는 열 장, 스무 장이 된다. 바쁜 시간에 편집자나 기획자들이 그 장황한 기획안을 읽을 시간이 없다. 간단하게 한 장 내지 두 장으로 요점만 압축하면 된다.

나의 '호킹 박사' 관련 기획안을 아래에서 살펴보면 이해할 수 있을 것이다. 길어야 두 장의 기획안. 이것이 기획의 원 포인트 핵심이라 할 수 있다. 물론 내가 제안하는 형식이 꼭 정답은 아니지만 참고하면 도움이 될 것이다.

『과학으로 본 위인들의 하루』(가제) 기획안

고 정 욱 (연락처*전화번호)

1. 목 표

창작 동화가 위축되고 지식정보책이 다시 활성화한 현 아동도
서 시장 상황에서 대표적인 위인들의 삶을 과학의 시각에서 본
단행본, 혹은 시리즈물로 발간한다.

2. 시장 여건

① 독서 운동이 붐을 이루면서 아동물 시장은 계속 확장되어
   왔음.

② 최근 과학에 관한 관심이 증폭되면서 호기심, 궁금증 등을
   소재로한 책들이 판매 호조를 보임.

③ 제7차 교육과정의 개편으로 생활 속의 과학, 직접 실험하고
   실천해 보는 학습을 중시함.

④ 과학 기술의 발전에 대한 국민들의 관심이 증폭되었음.

⑤ 한국인 최초의 우주인이 탄생함으로써 과학에 대한 열풍이
   불 것임.

3. 대상 인물

① 선정 조건 : 얼핏 보아서는 과학과 무관할 것 같은 인물들을
   소개하면서 자연스럽게 과학 지식을 전달한다.

② 인물

● 스티븐 호킹의 하루 : 전동 휠체어, 컴퓨터, 음성인식, 데
  이터베이스, 우주론, 바퀴, 작용과 반작용 등.

● 간디의 하루 : 채식과 육식, 소화 흡수, 단식, 직물, 해수의

성분, 물레의 원리, 소금의 필요성, 물 끓임 등.

- 베토벤의 하루 : 공명, 음파, 피아노의 원리, 옥타브, 오르간의 원리, 청각의 구조, 귀머거리 질병, 숲의 생태계, 맑은 공기, 오케스트라의 과학 등.
- 이순신의 하루 : 난중일기, 먹과 붓의 원리, 화포, 활, 바다의 조류, 다도해, 배의 원리, 편두통, 봉화, 바람 등.
- 테레사 수녀의 하루 : 전염병, 병균, 살균, 소독, 죽음, 청결, 영양섭취, 쇠약, 화장(불), 수질 등.

4. 기획 포인트

① 유명한 위인들의 삶도 과학과 밀접한 연관이 있음을 보여 준다.

② 원 소스 멀티 유즈(One Source Multi Use)의 원칙에 따라 만화나 과학 드라마로도 쓰이고 해외 판권 수출도 할 수 있게 구성한다.

③ 위인들의 가장 대표적인 하루를 정해 이야기를 끌어가면서 그 안에 과학과 연관된 부분을 드러내고 팁이나 각종 박스로 과학 지식을 알려 준다.

④ 위인들의 하루는 이야기 자체로 드라마틱하고 재미있어야 한다.

⑤ 관련된 인터넷 사이트를 소개하고 활용할 수 있게 한다(테레사 수녀의 경우 테레사 수녀 관련 사이트를 알려 준다).

⑥ 인물 소개 박스를 통해 과학적인 내용과 연관된 인물을 소개한다(예 : 호킹의 우주론을 이야기할 때 뉴턴과 아인슈타인 소개).

⑦ 역사 박스를 만들어 과학사의 내용을 소개한다(예 : 이순신 장군의 경우 화약의 역사를 일목요연하게 정리한다).

⑧ 체험하기 코너를 넣어 간단하게 실험해 볼 수 있는 내용을 소개한다(베토벤의 경우 피아노를 치면서 음에 대해 이해하도록 한다).

⑨ 고증이 철저히 이루어진 그림(도감 수준)이나 사진을 이용해 정확한 과학 지식을 전달한다.

5. 발간 계획
- 계약 및 기획 확정 : 2008. 7.
- 자료 수집 : 2008. 7~10.
- 집필 : 2008. 10~2009. 3.
- 그림 및 자료 수집 : 2009. 3~2009. 7.
- 발간 : 2009년 8월

6. 기타

이 기획안을 만든 고정욱은 성균관대학교 국문학과와 동대학원을 졸업한 문학박사이다. 현재 장애인식바로잡기연구소, 한국장애인승마협회 이사로 전국에 강연을 다니며 장애인에 대한 인식 개선과 장애인 복지의 실현을 위해 노력하고 있다.

문화일보 신춘문예에 단편소설이 당선되어 소설가가 되었고 최근에는 아동문학에도 힘을 쏟아 『아주 특별한 우리 형』, 『안내견 탄실이』, 『괜찮아』 등의 책을 펴냈다. 또한 각종 기획을 통해 신인작가들을 발굴, 아동 출판의 발전을 도모하고 있다.

mbc 느낌표에 『가방 들어 주는 아이』가 선정되기도 했다.

이메일 : kjo123@chol.net

1. 목표

무슨 일을 하든 제일 중요한 것은 목표다. '내가 이 책을 왜 내는 가'에 대해 스스로 납득해야 하는 것이다.

제목이 중요하다는 사람도 있는데 제목은 기획 단계에서는 가제일 수밖에 없다. 지금 떠오르는 아이디어를 가장 잘 표현할 수 있는 것으로 제목을 정해 놓고 기획을 하는 동안, 편집자를 만나 회의를 하는 동안, 또는 책을 쓰는 동안 얼마든지 바꿀 수 있는 것이 제목이다. 그러니 가제보다는 목표가 더 중요하다.

이 목표 역시 한 문장으로 끝을 내야 한다. 작품을 쓰다 보면 주제를 물어보았을 때 대답을 못 하는 사람이 많다. 그 이유는 무작정 썼기 때문이다.

주제를 한 문장으로 표현할 수 있어야 독자들에게 책의 주제를 선명하게 전달할 수 있듯 기획안도 한 문장으로 목표를 묘사할 수 있어야 한다.

창작 동화가 위축되고 지식정보책이 다시 활성화한 현 아동 도서 시장 상황에서 대표적인 위인들의 삶을 과학의 시각에서 본 단행본 혹은 시리즈물로 발간한다.

목표를 읽고 그 다음 내용에 흥미가 가도록 문장을 꾸미는 것도 중요하다. 위의 문장은 요즘 출판 시장의 상황과 함께 어떤 작업을 할 것인지도 잘 드러내고 있다.

이렇게 목표를 확정하다 보니 욕심이 난다. 호킹 박사만 가지고 쓰려 했는데 왜 달랑 한 권의 책이어야 하는가라는 생각이 들게 되는 것이다. 그래서 한 권으로 내려던 책을 여러 권으로 기획하고 싶어지기도 한다. 그러면 그렇게 하면 된다. 기획서를 만들다 보면 이렇게 아이디어가 확장되고 늘어나는 것이 다반사다.

출판사들은 시리즈물을 좋아한다. 요즘 같은 시장 상황에서 소중한 아이디어를 한 권의 책으로 낭비해 버리기는 아깝기 때문이다. 시리즈물을 출판하면 서점에서는 가판대를 많이 차지할 수 있고, 큰 볼륨으로 시장에 다가갈 수도 있다. 광고를 하기도 좋다.

어차피 신문의 한 지면을 빌린다면 그곳에 같은 값을 주고 다섯 권, 열 권을 광고하는 것이 효율적이지 않겠는가. 그래서 분명한 목표를 정해 적어 주는 것이 중요하다. 이 목표가 정확하게 편집자의 마음에 가서 꽂힐 때 당신의 책은 출판될 가능성이 높다.

2. 시장 여건

두 번째는 시장 여건이다. 사실 시장 여건을 반드시 기획서에 넣어야 된다는 법은 없다. 시장 상황을 정확히 파악해야 좋은 기획이 나올 수 있다는 것은 어디까지나 나의 생각이다. 그래서 작가는 늘 연구하지 않으면 안 된다. 앞의 기획안에서 시장 여건 1번의 아동 도서 시장이 확장되었다는 사실은 무엇을 뜻할까? 그것은 바로 시장성이 좋다는 이야기다. 죽어 가는 시장이 아니라 커 가는 시장이기 때문에 책을 내면 많이 판매될 가능성이 있다는 뜻이다.

책을 내는 것도 비즈니스다. 작가가 글을 쓰는 것도 결국은 사업이다. 수익을 내지 못하고 많이 팔지 못해서 사랑받지 못하는 책이라면 애초부터 낼 필요가 없다. 물론 시장성과 상관없이 꼭 내야 할 책들도 있지만……. 그래서 모름지기 프로 작가를 꿈꾸는 사람이라면 항상 시장 상황을 예의 주시해야 한다. 시장 상황을 나름대로 정확하게 진단하고 파악하려면 앞에서 얘기했듯이 아이디어를 구체화할 때 시장조사가 이루어져야 한다.

이 '시장 여건'이라는 것은 내 책이 왜 이 시장에 필요한가를 소개하는 부분이다. 한마디로 "현재 내가 내려는 책은 시장에 없다."는 점을 강조하는 셈이다.

3. 대상 인물 선정

대상 인물 선정은 내 책의 내용을 좀 더 구체적으로 보여 주는 것이다. 시리즈물이라면 각 권의 제목과 내용을 낱낱이 소개해야 한다. 그래야 출판사 입장에서 책의 전체적인 모습을 그려 볼 수 있기 때문이다.

스티븐 호킹의 하루라고 했는데 그 내용을 좀 더 살펴보면 이렇다. 한마디로 얘기해서 호킹 박사는 과학 없이는 하루도 생명을 유지할 수 없는 사람인 그를 살려 놓고, 과학자로서 연구를 하고 천

재성을 발휘하게 하는 것은 그를 돕는 과학 기술의 승리다. 전동 휠체어나 컴퓨터, 음성인식, 언어 데이터베이스, 작용과 반작용 같은 수많은 과학 원리의 도움으로 살아가는 사람이 바로 그다. 그런 호킹을 통해서 나는 과학의 중요성과 재미있는 원리들을 어린이들에게 알려 주고 싶은 것이다.

과학이 있기에 사람들은 하루하루의 삶을 편리하게 영위한다. 전깃불을 켜고, 텔레비전을 보고, 자동차를 타고, 학교에서 공부하는 모든 것도 사실 세세하게 따져 보면 과학 덕분이다. 이 기획안의 출발점이 바로 거기에 있다.

간디는 채식을 했던 사람이다. 그리고 영국 상품을 사서 쓰지 않으려고 아주 원시적인 수준에 가까운 삶을 살았다. 그렇지만 그에게도 과학은 작용을 했다. 평생 채식을 했다는 그의 생활 속에서도 과학원리를 배울 수 있다. 육식을 한 사람과 채식을 한 사람의 차이점은 무엇인지, 음식은 어떻게 소화·흡수되는지를 아이들에게 소개하면 재미있을 것이다. 게다가 그는 오랜 단식투쟁을 했다. 단식을 할 경우 어떤 문제가 있는지도 설명할 수 있다. 간디가 영국의 소금법 때문에 비싼 가격에 소금을 사 먹어야 하는 인도 국민들을 위하여 직접 바다에 가서 소금을 만들겠다고 선언한 적도 있다. 이 일화에는 소금을 만드는 과정 등을 엮을 수 있다. 생각은 꼬리에 꼬리를 문다. 그의 삶과 관련된 수많은 과학 지식이 자동으로 떠오른다.

베토벤의 경우도 마찬가지다. 피아노를 친다면 건반이 움직여 소리가 나는 원리가 무엇인지, 옥타브는 무엇인지, 청각에 이상이 온 그는 어쩌다 병에 걸렸는지, 소리를 어떻게 인식하는지 등의 과학 지식을 소개해 주면 좋다.

성웅인 이순신도 마찬가지. 『난중일기』와 연결하여 먹과 붓의 원리를 알려 줄 수도 있고, 화포를 통해서 일본 수군을 제압했던 사실에서 대포의 원리와 화약 폭발의 이치를 소개해 줄 수도 있다. 게다가 항상 머리가 아픈 편두통 환자였던 이순신에게서 아이디어를 얻어 두뇌의 기능과 두통의 원인을 소개해도 좋을 것이다.

테레사 수녀도 역시 마찬가지다. 전염병에 걸린 환자들을 치료하는 것을 볼 때 우리는 병이 왜 전염되는지에 대해 궁금증을 갖게 된다. 살균을 하고 소독하는 과정들도 흥미진진할 것이다. 게다가 가난하고 배고픈 사람들에게 먹을 것을 주어 영양 섭취를 시키는데 그러한 영양 섭취의 과정과 깨끗한 물을 먹어야 하는 이유 등. 이러한 것들은 모두 과학의 원리를 알아야 이해할 수 있다.

이렇게 과학의 힘에 의해 우리의 위인들을 다시 볼 수 있다는 것이 아이디어로 구체화했다. 이러한 인물 선정의 특징은 과학과 관런없는 사람은 하나도 없다는 것을 드러내는 것이다.

4. 기획 포인트

내 기획 포인트는 자신의 책만이 가진 승부수를 다 담아야 한다는 것이다. 기존의 책과 다를 뿐만 아니라 더 뛰어나다는 기획 포인트. 이것을 잘 구성하면 책은 성공한 것이나 마찬가지다.

앞의 보기에서도 볼 수 있듯 자신의 책을 좋은 책으로 만들기 위한 모든 포인트가 이 안에 모여 있다고 해도 과언이 아니다. 당연히 편집자의 마음을 사로잡는 부분이 있어야 한다. 그래서 보는 사람이 자연스럽게 '아, 이 책은 정말 좋은 책이 되겠구나' 하는 생각을 할 수 있어야 한다. 그래야 기획안이 성공할 수 있다.

요즘은 인터넷 시대이기에 인터넷을 통한 자료 정보 소개라든가, 체험하기 등 다양한 방식을 소개할 수 있다. 같은 아이디어라도 기획 포인트를 어디에 두느냐에 따라 전혀 다른 책이 될 수 있다. 기획 포인트에서 필자의 능력과 기획자의 능력이 갈린다고 해도 과언이 아니다. 그렇기에 아무리 고민하고 열심히 따져도 부족하지 않은 것이 기획 포인트다.

① 유명한 위인들의 삶에도 과학이 밀접하게 연관되어 있음을 보여 준다.

이 책의 애초 출발점이 바로 이것이다. 우리가 이름만 대면 알듯한 위인들, 더 나아가 전혀 과학과 연관 없어 보이는 사람의 삶도 깊이 따지고 보면 다 과학과 밀접하게 연결되어 있음을 알게 된다. 엉뚱할 것 같은 사람의 삶을 과학으로 바라볼 때 과학의 소중함이 부각될 수 있으며, 어린이들에게 흥미와 함께 지식을 전달할 수 있다.

② 원 소스 멀티 유즈(One Source Multi Use)의 원칙에 입각해 만

▶ 『안내견 탄실이』의 일본어판 책표지.

화나 과학 드라마로도 쓰이고 해외 판권 수출도 할 수 있게 구성한다.

좋은 콘텐츠 하나를 개발하면 다양한 방식으로 독자들에게 전달할 수 있다. 그것을 소위 '원 소스 멀티 유즈'라 한다. 나의 책 『안내견 탄실이』 같은 경우 만화로도 발간되었고, 해외에서도 출간되었다. 영화로도 추진 중인데 이런 식으로 하나의 책을 응용해 다양한 콘텐츠를 개발할 수 있어야 한다.

③ 위인들의 가장 대표적인 하루를 정해 이야기를 끌어가면서 그 안에 과학과 연관된 부분을 드러내고 팁이나 각종 박스로 과학 지식을 알려 준다.

스토리의 전개가 기본이 되지만 요즘 책은 판면 안에서 다양한 정보를 전달하려고 애쓴다. 그것이 이른바 팁이다. 뒤에 자세히 언급하겠지만 박스의 형태로 소개하기도 하고 각주의 형태가 되기도 한다. 굳이 정보를 소개하는 데 정해진 형식은 없다. 만화가 끼어

▶ 다양한 형태의 팁이 제공된 판면의 예

들기도 하고, 사진이나 그림이 자유롭게 넘나들기도 한다. 작가의 상상력에 의해 얼마든지 지식 정보를 전달할 수 있는 것이다.

④ 위인들의 하루 이야기도 그 자체로 무척 드라마틱하고 재미있어야 한다.

　지식정보책이라고 해도 가장 중요한 스토리텔링이 무시되면 곤란하다. 가끔 지식정보책 가운데에는 좋은 내용을 담고 있는데 이야기가 무미건조해 읽기 힘든 경우를 본다. 이야기 자체가 아주 흥미진진해야 그에 딸린 팁이나 스토리도 의미가 있고 독자들의 관심을 끌게 되는 것이다.

⑤ 관련된 인터넷 사이트를 소개하고 활용할 수 있게 한다(테레사 수녀의 경우 테레사 수녀 관련 사이트를 알려 준다).

　한정된 지면에 모든 지식 정보를 소개하긴 어렵다. 게다가 요즘 독자들은 '인터넷'이라는 막강한 네크워크 체계로 무장하고 있다.

이런 독자들에게는 차라리 필요한 사이트를 알려 주는 것이 좋다. 관심 있는 사람들이 스스로 좀 더 찾아볼 수 있도록 배려하기 위한 것이다.

- http://teresa.catholic.or.kr/ 굿뉴스 마더 테레사 일대기 및 기사 모음, 관련 저서 안내.
- http://home.cainchon.or.kr/mc/ 사랑의 선교 수사회 마더 테레사, 앤드류 수사 말씀집, 성소 안내 제공.
- http://www.oliviahussey.com/ 영화배우 올리비아 핫세 공식 홈페이지, 마더 테레사, 로미오와 줄리엣 출연, 포토 갤러리 제공.

⑥ 인물 소개 박스를 통해 과학적인 내용과 연관된 인물을 소개한다(예 : 호킹 박사의 우주론을 이야기할 때 뉴턴과 아인슈타인 소개).

과학의 경우 그 이론이나 원리를 발견한 사람은 따로 있다. 그런 사람을 무시하지 않고 각종 지식 정보 팁으로 소개해 준다면 그 또한 연관 정보가 된다. 호킹 박사를 읽으면서 뉴턴이라든가 아인슈타인을 알게 된다면 그 어린이의 지식의 바다 항해는 계속 이어질 수 있기 때문이다. 거듭 말하지만 지식정보책에 제한은 없다. 필자의 무한한 상상력이 있을 뿐이다.

⑦ 역사 박스를 만들어 과학사의 내용을 소개한다(예 : 이순신 장군의 경우 화약의 역사를 일목요연하게 정리한다).

이는 팁의 성격을 규정한 것 가운데 하나이다. 즉 자신이 구상하는 정보의 성격을 분류해 소개하는 것인데 나는 역사라는 것에 착안했다. 즉 화약을 터뜨려 대포를 쏘는 이순신을 생각하면 그 화약을 발명한 사람과 개량해 온 역사도 궁금해지지 않을 수 없다. 얼핏 생각해도 최무선이 떠오르고, 노벨이 떠오르지 않는가? 이를 간략하게나마 소개한다면 화약에 대한 역사를 일목요연하게 어린이들에게 전달할 수 있다.

⑧ 체험하기 코너를 넣어 간단하게 실험해 볼 수 있는 내용을 소개한다(베토벤의 경우 피아노를 치면서 음에 대해 이해하도록 한다).

교육과정이 개편되면서 어린이들이 직접 체험하는 것을 중시하게 되었다. 페스탈로치가 왜 혁신적인 교육을 했는가 살펴보니 그는 사물을 어린이들이 직접 만져 보고 접하며 이해하게 했다는 거다. 책을 읽는 행위는 간접적인 경험이지만 그럼에도 불구하고 아이들이 직접 뭔가를 경험하게 하는 것은 여전히 중요하다.

⑨ 고증이 철저히 이루어진 그림(도감 수준)이나 사진을 이용해 정확한 과학 지식을 전달한다.

어린이 책의 성공을 위해 그림의 역할은 아무리 강조해도 지나침이 없다. 글로 백 마디 설명해야 이해할 수 있는 것도 그림이나 사진 한 장이면 단번에 해결할 수 있기 때문이다. 정확한 그림으로 독자들에게 흥미와 관심을 불러일으키며 동시에 지식을 생생히 전달할 수 있어야 한다.

5. 발간 계획

발간 계획은 지극히 현실적인 문제다. 내 말의 뜻은 여기서부터 정말 비즈니스가 시작된다는 의미이다.

출판사는 사업을 하는 곳이다. 기획이 다 되어 있는데 언제까지 집필하고 발간할지를 알지 못하면 출판 계획을 잡을 수가 없다. 한 마디로 출판도 계획 생산이 되어야 하는 것이다. 그래서 기획서에는 발간 계획 혹은 일정표가 꼭 들어가야만 한다.

여기에서 고려해야 할 점은 계약을 하고, 자료 수집을 하고, 집필을 하며, 그림을 그리고 책을 만드는 기간을 넉넉히 잡아서 발간 계획을 세워야 한다는 것이다. 작가에 따라 다르지만 자신의 능력과 여건에 따라서 이 계획안을 넣어야 한다.

대개 나의 경우에는 계약이 시작되면 기획과 자료 수집은 한두 달만에 끝낸다. 그리고 집필도 한두 달 안에 끝날 수 있도록 노력한다. 왜냐하면 지식정보책의 경우, 스피드가 곧 경쟁력이기 때문이다. 집필 기간이 길어지는 것은 결코 좋지 않다. 출판계라는 곳은 아무래도 바닥이 좁다. 기획 아이디어를 가지고 책을 내기로 한 뒤 오래 끌면 비밀이 새게 되어 있다. 보안 유지가 쉽지 않은 것이다. 출판계의 전문가들은 남의 아이디어 가운데 아주 작은 것 하나를 듣기만 해도 언제든지 응용해서 새로운 아이디어를 낼 수 있기 때문이다. 계약을 하고 자료를 수집하기 시작하면 이미 새로운 책에 대한 소문은 돌기 시작한다고 보아야 한다.

그렇다면 아이디어가 새기 전에 하루라도 빨리 책을 마무리 짓는 것이 승부의 관건이다. 1~2년씩 책을 쓰고 있으면 시장 상황도 변하고 애초에 좋았던 아이디어가 나중에 낡은 것이 될 가능성이 크다.

나에게도 그런 경우가 종종 있었다. 모 출판사와 여러 권의 책에 대해 기획안을 내어 계약을 했는데 얼마 전 연락이 왔다. 책의 기획안을 바꾸고 싶다는 거다. 이는 오랜 기간 책을 내지 못한 출판사의 책임도 있지만 집필자들이 원고를 다 끝내는 사이에 시장 상황이 바뀐 탓도 있다. 그러한 출판사에서 필자들에게 원고를 다 수정해달라고 의뢰를 한 것이다.

이런 난감한 상황이 벌어질 수 있기 때문에 원고를 쓰기 시작하면 애초부터 뜨거운 열정을 가지고 끝까지 밀어붙여서 하루라도 빨리 마감하는 것이 중요하다. 거듭 얘기하거니와 스피드는 곧 경쟁력이기 때문이다. 내가 아무리 빨리 써도 변수는 많다. 편집하는 과정에서, 혹은 자료 수집하는 과정에서, 혹은 삽화를 그리는 과정에서 계속 수많은 함정이 기다리고 있다. 책 한 권 나오는 데에 1

년, 2년 걸리는 게 다반사인 것도 바로 그런 이유다.

그러니 필자인 나라도 최대한 빨리 원고를 써 주는 것이 중요하다. 원고를 빨리 써서 출판사와 의견을 교환하는 것이 낫기 때문이다. 혼자 완벽한 원고를 만들려고 애쓸 필요 없다. 커뮤니케이션을 통해 아이디어를 보강해 출판사와 긴밀히 협력한다면 좀 더 나은 책을 얼마든지 만들 수 있다. 물론 그러기 위해서는 자신이 정해 놓은 기획안의 발간 계획을 지켜야 한다.

그러나 유의할 점은 이런 기획안이 곧 책은 아니라는 사실이다. 기획은 아무리 좋아도 책을 쓰는 과정에서 문제가 생길 수 있다. 또한 기획안이 아무리 좋아도 정해 놓은 약속을 지키지 못하면 출판사로서는 고통스럽다.

기획이란 무엇인가? 책을 만들겠다는 의도이다. 책이 마무리되어 나와야만 그 기획안은 성공적으로 끝이 난다. 출판사와 한 원고 마감 약속은 목에 칼이 들어와도 지켜 주는 훈련을 해야 한다.

나는 심지어 이렇게 얘기한다. 필자는 출판사라는 제조업체에 재료를 납품하는 납품업자라고……. 원고라는 재료를 주었을 때 그것을 가공하여 책으로 만드는 것이 출판사의 역할이다.

생각해 보라. 전자 회사에 부품을 납품해서 반도체를 만들어야 하는데 협력 업체가 부품을 주지 않으면 큰 공장 전체가 올스톱이 되고 만다. 그런 일이 벌어져서는 안 되는 것이다. 최선을 다해 기일을 지켜주고 마감을 지켜 주어야 출판사도 계획적으로 책을 만들어 낼 수 있다. 그런 뒤에야 시장에 내놓고 영업을 해서 독자들의 사랑을 받고, 팔린 책의 인세를 필자에게 줄 것이 아닌가? 당신이 프로 작가를 꿈꾼다면 출판사와의 약속을 반드시 지키려는 자세가 필요하다. 출판사 사이에서 약속 안 지키기로 유명한 필자들이 결국 몇 년 내로 사라지고 마는 것을 보면 신의를 지키는 것이 얼마나 중요한 일인지를 알 수 있다.

6. 기 타

처음 이런 기획안을 출판사에 보내는 사람이라면 기획안에 기타 항목을 따로 만들어서 자기소개나 여타 기획안에서 제대로 담지 못한 내용을 자세히 쓸 필요가 있다. 나는 어떤 사람이고 어떤 전공을 했으며, 어떤 일에 관심이 있다는 것을 세세히 밝히는 것이 도움이 된다. 작가에 대한 세부사항도 편집자들에게는 소중한 정보이기 때문이다. 이 사람이 이런 책을 쓸 능력이 있는가, 쓸 만한 자격이 되는가를 판단하는 기준이 될 수 있다. 자신에 대한 소개도 정확하고 세세하게 써 줌으로써 좋은 기획안을 만들 수 있다.

무명이건 유명이건, 기획안을 처음 받아 보는 출판사 편집자는 글 쓰는 사람에 대한 정보가 없을 수 있다. 그것에 대비해 자신이 어떤 전공을 했으며, 어떠한 작업을 했는지를 간략하게 소개하는 것도 좋다. 그 기획안을 가장 잘 쓸 수 있는 사람이라는 것을 드러

낼 수 있도록 자기소개를 쓰도록 한다. 쑥스러워하거나 부끄러워
할 필요는 없다. 자기의 장점을 있는 그대로 밝히며 이 기획안의
가장 적합한 필자가 자신임을 드러내면 된다. 그동안 썼던 대표작
을 소개하고 연락처와 기타 자신의 소개에 필요한 사항들을 마무
리 지으면 기획안은 끝이 난다. 이 기획안을 이제 출판사로 보내는
일만 남은 것이다.

┌─ ■ 이 밖에 기획안에 들어가도 좋은 요소들 ──────
│ • 책 발간 뒤 기대되는 효과
│ • 향후 시장 동향
│ • 파생 기획안
└──────────────────────────────

◇ 연습문제

1. 기획안을 만들어 보자.

2. 자기소개 약력을 써 보자.

3. 내가 쓰고자 하는 책의 기획 포인트를 남과 다르게 잡아 보자.

기획안 보내고 자료 수집하기

기획안 보내고 자료 수집하기

1. 기획안과 계약

출판사에 기획안을 보내는 것에 이렇다 하게 정해진 법칙이 없다. 기획안에 맞는 출판사를 찾아서 제안을 하면 된다. 한 군데 출판사에 기획안을 던지고 해답을 듣기까지는 시간이 오래 걸릴 수도 있다.

나의 경우는 기획안에 따라 다르지만 여러 군데 출판사에 이러한 기획안이 있다고 동시에 제안하기도 하고, 때에 따라서는 기획안에 적합한 출판사 한 군데에만 주어서 그들의 반응을 보기도 한다. 모든 것은 기획안의 성격에 따라 다르다.

출판사의 수가 3만 개가 넘는다고 한다. 그 가운데 활성화해 움직이는 곳이 10%라고 본다면 약 3,000개이다. 수많은 출판사에서 나의 기획안이 어떠한 인연을 만나서 책으로 발간될지는 알 수 없다. 건건이 다르다고 보는 것이 정답이다. 그래도 너무 막연하다면 시중에 나와 있는 책들을 살펴보자. 내 기획안에 맞는 출판사를 쉽게 찾을 수 있을 것이다. 이렇게 내 기획안을 가장 잘 소화해 낼 수 있을 법한 출판사를 찾아보고 나서 기획안을 보내는 것이 좋다.

이때 쑥스러워하면 안 된다. 용기를 낼 필요가 있다. 내가 심혈을 기울여 만든 기획안이다. 당당하게 전화를 걸어 편집장을 바꿔 달라고 한 뒤 그의 이메일 주소를 묻거나 자신의 기획안을 어떻게 보내면 되는지 문의하는 것이 좋다.

대부분의 편집장들은 새로운 기획안이 들어오기를 목이 빠지게 기다리고 있다. 그들은 낯선 이름의 필자라고 해서 결코 무시하거나 쉽게 거절하지 않는다. 어느 구름에 비가 들어 있는지는 아무도 모른다. 무명의 작가를 키우지 않는다면 어떻게 작가들이 경력을 쌓아 유명한 작가가 될 것인가?

또한 요즘은 인터넷이 발달해서 각 출판사마다 홈페이지가 있는 경우가 많다. 홈페이지에 들어가 보면 편집자들의 이메일을 공개했거나 원고 받는 코너를 준비해 놓은 곳도 있다. 이런 곳에 원고를 보내도 된다.

기획안을 들고 직접 찾아가는 것도 좋다. 이 방법은 출판사의 분위기도 알고, 어떻게 책이 만들어지는지, 편집자와 얼굴을 맞대고 이야기할 수 있어서 좋다. 사람과 사람이 직접 만나면 꼭 그 기획안이 아니더라도 이러저러한 마음속의 이야기를 나누다가 새로운 기획안을 만날 수도 있다. 내가 아는 필자는 기획안을 들고 갔다가 출판사가 역으로 제안한 다른 기획안을 책으로 쓰게 되면서 저자가 되기도 했다. 인간과 인간의 일은 만나서 이야기를 나누고 대화를 하다 보면 엉뚱한 방향에서 좋은 결과를 맺기도 하는 법이다. 그러니 적극적으로 나서는 것이 좋다.

이메일이 익숙하지 않은 사람은 출력해서 우편으로 보내도 된다. 단, 기획안이 채택되지 않을 때는 반송해 달라고 말을 해 놓는 것이 좋다. 이 경우 대부분의 출판사들은 원고에 대해서 신경을 써준다.

주의해야 할 점은 기획안이 바로 아이디어라는 사실이다. 가급적 비밀을 보장받는 것이 좋다.

그러나 출판사와 성격이 맞지 않는 경우, 기획안을 돌려 주게 된다. 그렇다고 좌절할 필요는 없다. 출판사 사정과 성향에 따라 맞지 않는 기획안일 뿐일 수도 있기 때문이다. 용감하게 다른 곳에 제안을 하면 된다.

여러 출판사에 제안을 했다가 동시에 다 계약하고 싶다는 대답을 듣는 경우도 있다. 물론 반대로 모든 곳에서 거절당하기도 한다. 중요한 것은 필자 마음이다. 기획이라는 것 자체가 없던 것을 만드는 것이기 때문에 기존의 룰이나 기존의 방식을 따를 필요는 없다. 출판사에 기획안을 보내고 출판사에서 반응을 보이면 당신은 책 한 권의 저자가 될 수 있는 기회를 잡은 것이다.

어떤 사람은 기획안은 무시하고 원고가 다 된 상태에서 출판사를 섭외한다. 창작 동화의 경우에는 독창성이 강한 분야이므로 그런 방법도 괜찮다. 하지만 지식정보책에서는 그런 방법이 조금 위험하다.

기획은 시간을 다툰다. 그리고 혼자만의 아이디어로는 부족할 수 있다. 기획안을 가지고 얼마든지 출판사와 이야기를 나눌 수 있기 때문에 출판사에 기획안을 제안해 그에 대한 논의를 통해 시간을 절약하는 것이 중요하다.

이때쯤 필자들은 인세의 조건을 묻기도 한다. 대개 인세 조건은 그림과 글을 통틀어서 정가의 10%로 계약하는 경우가 많다. 그림의 비중이 높으면 인세의 비율이 그림 작가와 글 작가 사이에서 조정이 된다. 물론 계약이라는 것은 상호간의 합의이기 때문에 딱히 정해진 룰이 없다. 대개 초등학교 저학년을 상대로 하는 책일수록 필자의 인세율이 낮아진다. 그림이라든가 기타 여러 장치들이 들어가기 때문이다. 고학년으로 올라갈수록 이 비율은 조금 올라가는데 순수하게 텍스트만 있는 책이라면 정가의 10%를 적정선으로 본다. 물론 인기 작가들의 경우에는 그보다 더 큰 인세를 받는다고도 하지만 드문 예이다.

기획안이 확정되고 나면 적정한 선에서 그림 작가와 인세의 비율을 나누게 되고 계약금을 받는다. 대개 출판사는 50~100만 원을 계약금으로 필자에게 지불한다. 그 정도의 돈이라면 당신이 초보 작가로서 자료를 수집하고 집필을 하는 데 용기를 주기에 충분하다. 시작은 미약하나 끝은 창대하다고, 나중에 책이 베스트셀러가 될 경우 큰 수익이 되어 돌아올 수도 있다. 정가의 7% 내지 8%를 받는다고 치면 당신의 책이 몇 권 팔려 얼마의 수익이 날지는 쉽게 계산할 수 있을 것이다.

스스로 돕는 자를 하늘도 돕는 법. 열심히 노력하다 보면 좋은 책도 내면서 동시에 보람을 얻고, 작가로서 수익도 얻을 수 있으니 이보다 더 좋은 일이 어디 있는가.

2. 자료 수집

출판사와의 계약이 끝나면 이제 정말 피를 말리는 작업이 시작된다. 집필을 하기 위해 자료를 수집해야 하기 때문이다.

인터넷

자료 수집의 왕도 가운데 첫 번째는 뭐니 뭐니 해도 인터넷이다. 관련되는 검색어를 검색해 보면 화면에 정보가 바로바로 뜨기 때문이다. 인터넷이야말로 정보의 바다라는 말

이 맞다. 어떻게 검색어를 치느냐에 따라 쓰고자 하는 글과 관련된 각종 정보와 의견들이 올라온다. 요즘은 블로그까지 활성화해서 블로그 안에 전문가의 견해들이 실려 있는 경우도 많다.

여기서 유의해야 할 것은 인터넷에서 찾은 글을 그대로 옮겨 쓰는 것은 작가로서 바른 태도가 아니라는 사실이다. 저작권의 문제도 있을 수 있지만 무엇보다도 인터넷에 있는 정보는 정확하지 않을 수 있기 때문이다.

모든 정보는 항상 걸러야 하고 다듬어야 한다. 정보로만 받아들이고 응용하는 것이라면 문제가 없지만 그러한 정보를 가공하여 자신의 이름으로 책을 낸다는 것은 책임을 지겠다는 뜻이기 때문이다. 인터넷에 있는 정보로 작업을 할 때 갈피를 잡기 위해 도움을 받는 정도로 그치는 것이 좋다. 자칫하면 저작권 소송에 걸려들 수도 있고, 무책임한 작가라는 소리를 들을 위험성도 있기 때

문이다.

그리고 독자들은 인터넷에 있는 정보보다 좀 더 깊이 있는 정보를 얻기 위해 돈을 지불하는 것이다. 그런 만큼 그들의 눈은 결코 호락호락하지 않다. 인터넷을 뒤져서 나오는 정보를 돈 주고 살 리 없기 때문이다.

그러므로 유념할 것은 인터넷을 통한 자료 수집은 어디까지나 정보에 대한 지침으로 쓰는 것이 좋다. 인터넷에 백과사전도 나오고 각종 정보가 있지만 그것은 필요악임을 잊어서는 안 된다.

서적을 통한 자료 수집

인터넷을 통해 다양한 정보 검색을 마치면 그 다음은 서점으로 나아갈 필요가 있다. 관련되는 서적을 읽고 그 안에서 또다시 기획 방향을 정해야 하기 때문이다. 대개의 기획안은 기존 책들의 문제점이나 한계를 딛고 새로 구성되는 것이다. 그러므로 기존 책들을 면밀히 파악하여 자료를 수집해야 한다.

도서관을 이용하는 것도 좋다. 필요한 자료를 복사하거나 자료를 읽으면서 그 내용을 체득하는 과정이 꼭 필요하다. 제일 좋은 것은 책을 구매하는 것이다. 구매한 책에는 마음껏 메모할 수도 있고, 줄을 그을 수도 있다. 또한 여러 번에 걸쳐 언제든지 필요할 때, 필요한 정보를 얻을 수 있다는 장점도 있다. 책을 구매하게 되면 집필이 끝나도 그 정보를 또 다른 아이디어에 응용을 할 수 있기 때문에 필자가 되고자 하는 사람이라면 책을 구매할 것을 적극 권한다.

나의 경우 과학에 관심이 많아 과학책이나 물리, 화학 등의 책들을 쉽게 이해하고 보게 된다. 이런 책들은 장서로 보관하면 또 다른 아이디어를 통해서 그 자료를 다른 각도에서 이용할 수 있다.

즉, 하나의 필요에 의해 산 책들이지만 또 다른 기획을 할 때 다른 각도에서 도움을 준다. 한마디로 소장하고 있는 책들은 멀티플 레이어인 셈이다. 어떤 때는 A 측면에서, 어떤 때는 B 측면에서 정보를 제공한다.

그렇기에 가급적이면 책에서 자료를 수집하는 것이 좋다. 책 안에 있는 내용도 중요하지만 안에 있는 삽화나 편집 방식을 보고 익히는 데에도 유용하기 때문이다.

기획자나 편집자가 찾아오면 나는 샘플이 될 만한 책들을 꺼내서 보여 주며 같이 의논한다. '이 책의 이런 면을 이렇게 강조하고, 저 책의 저런 면을 저렇게 응용하자'는 식으로 이야기를 하면 논의의 진행이 빠르기 때문이다.

책을 쓰려면 가장 중요한 자료가 역시 책이라는 사실을 잊지 않는 것이 좋다.

현장 취재

책과 인터넷에서의 자료 수집이 끝나면 현장 취재를 하는 것도 도움이 된다. 현장에 나가 봐야 정확한 사실을 알기 때문이다. 대개 현장 경험을 잘 살린 책들은 독자들의 사랑을 오래 받는다.

그 이유는 간단하다. 독자들은 필자가 고생해 모아온 자료를 읽고 싶어 돈을 지불하는 사람들이기 때문이다. 방에 틀어박혀서 자료를 모아 짜깁기해 쓴 책이라면 독자들도 바로 알아본다. 그렇기에 현장에 가서 직접 체험하고 얻은 자료가 아니라면 아무 소용이 없다.

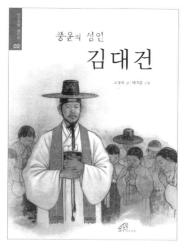

나의 경우 김대건 신부의 책을 성인전으로 쓸 때, 현장의 중요함을 다시 느꼈다. 알다시피 김대건 신부는 목숨을 걸고 작은 배를 타고 중국을 다녀온 모험가 수준의 사람이다. 그런데 나는 그것이 항상 의문이었다. 바다라는 것이 얼마나 두려운 것인데, 그것을 쪽배 하나에 의지해 건넜단 말인가? 어부도 아닌 그가…….

그런데 이런 의문은 그가 태어난 솔뫼 성지를 가 보자마자 자동으로 풀렸다. 김대건 신부는 어린 시절에 그곳에서 태어나 자랐다고 하는데, 소나무가 가득 차 있는 들판이었다. 그때 그곳 신부님이 말해 주는 게 아닌가.

"이곳이 지금은 들판이지만 옛날에는 '내포'라고 해서 내륙 깊숙이 바닷물이 들어오는 곳이었어요. 지금 이렇게 바뀐 것은 바다를 매립해 농토로 만들었기 때문입니다."

▶ 솔뫼성지 전경

그 이야기를 듣는 순간 내 머릿속에서 불이 켜지는 것 같았다. 김대건 신부는 바닷가 소년이었던 것이다. 지금은 지형이 변했지만 언제든지 물속에 뛰어들어가 놀고 망망대해를 배 타고 나가는 꿈을 꾸었던 소년. 그랬기에 나중에 중국에 있는 신부님을 모셔 오려고 서해 바다를 작은 돛배로 건너갔다 올 정도의 용맹성을 가질 수 있었다.

이처럼 현장에 가 보아야만 이해할 수 있는 진실이 있다. 만일 내가 내포에 가 보지 않았다면 김대건 신부를 그저 하느님의 성령으로 바다를 건너간 위대한 신부로만 설명했을 것이다. 발로 뛰는 자료가 가장 중요한 자료라는 사실을 결코 잊어서는 안 된다.

박물관

작가의 수고를 덜어 주려고 자료를 잔뜩 모아 놓은 곳이 있다. 바로 박물관이다.

내 책으로 이야기를 돌리면, 호킹 박사에 대한 책을 쓰려면 각종 과학의 원리도 알아야 하고, 실험 기자재도 꿰고 있어야 한다. 이런 욕구를 충족시켜 줄 유일한 곳이 바로 박물관이다. 박물관에는 각종 실물 자료가 모여 있을 뿐만 아니라, 눈으로 보고 체험할 수 있게 되어 있다. 그러니 이와 관계되는 박물관을 찾아다니지 않으면서 글을 쓸 수는 없는 노릇이다.

예를 들어 음식에 대해 책을 내고자 한다면 김치 박물관이라든가, 음식 박물관을 찾아야 한다. 이럴 때 도움되는 것이 인터넷이다. 전국 곳곳에 다종다양한 박물관과 자료들이 있으니 그런 것들을 꼭 찾아보아야 한다. 그래야 글을 쓰는 도중 생길 수 있는 오류를 막아낼 수 있다.

인터넷으로 찾아본 박물관이 아래와 같이 방대하다는 것을 알면 내가 왜 이런 주장을 하는지 자연히 알게 될 것이다.

국립박물관, 어린이 박물관, 대학 박물관, 사이버박물관, 시립박물관, 외국 박물관, 지역별 박물관, 전문 박물관, 역사박물관, 과학박물관, 민속 박물관, 종교 박물관, 문학 박물관, 석탄 박물관, 해양 박물관, 김치 박물관, 청주고인쇄박물관, 등대 박물관, 청계천문화관 등.

전문가

그 다음으로 찾아봐야 할 사람은 해당 분야의 전문가이다. 전문가들은 오랜 경험과 지식을 통해서 해당 분야에서 권위가 있는 사람들이다. 그들의 말 한 마디, 한 마디는 나에게 산 지식과 경험을 전달해 준다.

이런 전문가를 물색해서 섭외하는 것도 작가의 능력이다. 제대로 된 전문가를 만났을 때 그 작품은 좋은 작품이 되고, 어설픈 사람을 만나면 잘못된 지식을 독자들에게 전해 주기 때문이다.

과거에 내가 비보이(B-Boy) 이야기를 쓰고자 했을 때 최고의 비보이 그룹을 찾으려 무진 애를 썼다. 결국 내가 생각한 것은 내가 가르치는 대학의 학생들에게 널리 공고하는 것이었다. 주변에 춤 잘 추는 비보이 그룹이 있으면 연락처를 알아 오라고 주문을 했다. 한참 만에야 제자들이 연락처를 구해 준 비보이들은 운 좋게도 대한민국 최고의 실력을 가진 친구들이었다. 그들 덕에 나는 많은 비보이 공연을 구경했고, 그들의 진솔한 이야기를 들을 수 있었다.

전문가를 찾아서 의견을 듣고 일을 하면 좋은 점은 또 있다. 그 전문가들은 그 바닥의 정보통일 뿐만 아니라 마당발일 가능성이 높다. 그 마당발을 이용하면 귀한 자료를 수집하거나 사람을 소개

받는 일이 굉장히 손쉬워진다. 내가 소개받았던 비보이들은 이름만 대면 알 만한 비보이의 신화와 같은 인물들이었다. 그래서 지금도 가끔 비보이들을 만나 그들의 이름을 이야기하면 반가워한다. 자신들이 관심 있어 하는 분야의 유명한 사람을 안다고 하면 바로 대화의 핵심으로 들어갈 수 있기 때문이다.

자료 수집은 이런 것이다. 현장을 뛰고 전문가를 만나다 보면 생각지도 못했던 정말 중요한 정보와 생생한 지식을 얻을 수 있게 된다. 이렇게 자료 수집을 하고 몰랐던 사실을 알게 되면 작가로서의 보람을 느낀다. 그러한 생생한 정보들이 나의 창작력을 자극하기 때문이다.

게다가 전문가를 만나 얻는 지식들은 내 인생에도 큰 도움이 된다. 작가가 인격자가 되고 나이를 먹을수록 성숙한 삶을 사는 이유는 바로 글을 쓰면서 이런 전문가들을 만나 이야기를 들으면서 자신의 삶을 더 깊이 성찰하기 때문이다. 비록 경제적으로 성공하지 못한다 할지라도 한 권의 책을 쓰기 위해 만났던 사람들이나 가 보았던 곳, 읽은 책, 알게 된 정보 등등은 내 삶에 큰 기여를 한다는 것이 돈으로 계산할 수 없는 창작 작업의 고마움과 소중함이다.

자료수집을 할 때 필요한 도구

사람마다 다르겠지만 나의 경우에는 카메라를 필수로 챙긴다. 굳이 작품 사진을 쓸 것이 아니라면 DSLR 같은 큰 카메라는 필요 없다. 항상 소지하고 다니며 수시로 찍을 수 있는 카메라가 필요하다. 다시 말해 손에 익숙해서 언제든지 기록을 남길 수 있어야 한다.

취재를 할 때는 비상사태가 벌어질 수 있으니, 여벌 카메라를 준비하면 좋다. 요즘은 디지털카메라가 많이 보급되어 누구나 하나씩 가지고 있지만 디지털카메라는 대단히 섬세한 기구여서 망가지기 쉽다. 실크로드에 취재를 하러 갔을 때 그곳의 가이드가 주의를 준 적이 있다.

"카메라에 먼지가 들어가면 작동이 안 될 수도 있으니 조심하세요."

설마 그러랴 싶었는데 그 말은 사실이었다. 실크로드를 다녀 오면서 나의 디지털카메라는 폐품이 되고 말았다. 먼지가 끼어 작동이 되다 안 되다 하는 것이 아닌가. 그러니 카메라도 망가질 수 있다는 사실을 항상 염두에 두고 취재해야 한다. 카메라를 사용하다 보면 늘 건전지가 필요하다. 예비 건전지 두어 개는 꼭 챙겨야 한다. 갑작스런 상황에서 건전지가 떨어질 수 있기 때문이다.

사진기가 영상을 담는 것이라면 취재를 하거나 인터뷰를 할 때는 녹음기가 필요하다. 나는 아날로그식 카세트테이프를 애용하지만 디지털 녹음기도 쓴다. 둘은 상호 보완의 관계이다. 역시 이것도 여벌의 건전지가 필요한 물품이긴 하다.

녹음테이프도 여유 있게 준비해서 예상외로 인터뷰가 길어질 경우를 대비해야 한다. 한번은 경상도 깊은 산골짜기에 들어갔는데, 테이프가 모자라 아주 진땀을 뺀 적이 있었다. 그래서 그곳에 사시는 할아버지께서 즐겨 듣는 가요 테이프를 녹음테이프로 사용하고 나중에 가요 메들리를 구해 보내 드린 적이 있다. 그래서 필요한 자료와 기자재는 충분하고 넉넉하게 준비하면 돌발 상황에서 당황하지 않게 된다.

그 다음으로 중요한 것은 필기구다. 필기구 역시 여러 가지로 준비하는 것이 좋다. 종류별로 다양한 것이 중요한데 연필은 어떤 상황에서도 쓰기에는 좋지만 깎는 것에 문제가 있고, 볼펜은 편리하게 쓸 수 있지만 추운 기후에는 불리하다. 만년필은 속기에 불편하고, 잉크가 새는 등의 부작용이 있다. 결국 다양한 필기구를 가지고 다니며 수시로 상황에 맞게 메모하거나 기록할 수 있는 자세가 필요하다.

그리고 또 하나의 메모 기구로는 필기용 수첩이 있다. 스프링 수첩이 좋다. 앞면만 사용하고 뒷면은 그냥 넘김으로써 메모 이상의 효과를 기대할 필요는 없다. 꼭 관련된 아이디어가 아니더라도 떠오르는 감상이나 생각들을 편리하게 기록할 수 있는 메모 수첩에 축적한다면 당신의 지식 창고와 경험 창고도 커진다고 보면 된다. 나의 경우는 대학교 때부터 메모를 했는데, 그 메모 수첩이 큰 힘을 발휘하며 나의 과거 기억을 살려 주는 데 많은 도움이 되고 있다.

　이러한 자료 수집이 끝나면 본격적인 집필에 들어갈 수 있는 준비가 되었다고 보면 된다.

■ **지식정보책을 잘 기획하는 출판사들**

진선출판사, 주니어김영사, 아이앤북, 위즈덤하우스, 예림당, 뜨인돌, 주니어랜덤

◇ 연습문제

1. 부모님의 삶을 녹음하면서 인터뷰해 보자.

2. 인터뷰한 부모님의 삶에서 얻을 수 있는 주제나 일관된 흐름은 무엇인가?

3. 생활 속에서 만날 수 있는 전문가를 찾아가 진지하게 대화를 나누어 보자.

chapter 4

집필

집 필

1. 목차의 구성

자료를 수집하고 정리가 끝나면 원고를 써야 한다. 이때 수집한 자료들을 목차에 따라 분류하게 된다. 즉 자기가 어떠한 순서로 책을 쓸 건지 방향을 정해서 자료를 맞게 배치하는 것이다.

나의 경우 필요한 자료들을 방바닥에 늘어놓고 정리하는 경우가 많다. 그렇게 하면 한눈에 자료를 볼 수 있기 때문이다. 좁은 책상에서 많은 자료를 쌓아 놓고 번갈아 보다 보면 정신이 없고 산만할 수 있다.

그러나 이것은 나만의 방법이므로 필자들은 각자 자신이 편한 방식으로 원고를 쓰면 된다. 목차를 잘 짜 놓았다면 그에 따라 필요한 자료를 배분할 때 무엇이 필요한지 한눈에 알 수 있다. 그리고 쓸데없이 많이 수집된 자료들은 정리하여 버릴 것은 버려야 한다.

이런 모든 과정은 논문을 쓰는 것과도 흡사하다. 그래서 나는 항상 제자들에게 말한다. 작가가 되려면 대학원 석사과정 정도는 나오는 것이 도움이 된다고……. 석사과정에서 배우는 것은 바로 자료를 어떻게 모으고 선별하며, 하나의 가닥을 잡아 이야기를 어떻게 만드는가이다. 논문을 쓰는 것이 바로 그러한 과정이기 때문에 책을 쓰거나 집필을 하려는 사람이라면 논문 작성을 한번 경험해 보는 것은 큰 도움이 된다.

나 역시 논문 쓰기에 이골이 난 사람이다. 논문을 쓸 때에는 자료 수집과 정리가 지겨웠는데 그런 방식이 지금은 많은 도움이 된다. 논문을 쓰다 보면 필요할 줄 알고 열심히 모아 놓았던 자료들 대부분이 쓸데없다는 것을 알게 된다. 그런 자료들은 붙잡고 미련을 갖지 말고 과감히 버려야 된다. 버린 자료들은 나중에 다른 곳에서 활용할 수 있는 기회가 생길 수도 있으니 아쉽지만 버리는 데 인색하지 말아야 한다. 물론 버린다고 진짜 폐기하라는 뜻은 아니다.

또한 열심히 모았다고 생각했는데 자료가 빈약할 때도 있다. 그러한 부분은 추가로 보충 자료 수집을 하면서 목차를 짜야 한다. 매력적인 목차는 그 책의 성공을 담보한다. 너무 서론, 본론, 결론에 입각한 목차를 짜지 않아도 좋다.

차라리 어떻게 하면 처음부터 독자를 사로잡을까 궁리하는 것이 낫다. 나의 경우에도 책을 쓸 때는 어떻게 하면 첫마디부터 독자를 사로잡을까 항상 궁리한다.

내가 쓰려는 『스티븐 호킹의 하루』는 아침에 일어나서 눈을 뜨는 장면부터 시작할 생각이다. 예를 들면 이런 것이다.

"때르르릉!"
컴퓨터가 알람을 울렸습니다. 잠들었던 호킹 박사가 눈을 떴습니다.

그런데 천장을 올려다보니 늘 보던 집이 아닙니다. 화려한 실내

장식이 낯설었습니다.

이를 보고 호킹 박사는 잠시 생각하다 깨달았습니다.

"아, 여기는 한국이로군."

이 정도 쓰면 독자들은 흥미를 느낄 것이다. 호킹 박사가 왜 우리나라에서 눈을 떴을까? 시작부터 궁금하기 때문이다.

나의 구상은 이렇다. 호킹 박사가 우리나라의 초대를 받아 호텔에서 하루 묵는 데에서부터 이야기가 시작된다. 눈을 뜬 호킹 박사는 이내 비서를 부를 것이고, 전동 휠체어로 옮겨 앉을 것이다.

그러는 과정에서 과학의 원리를 이야기할 것이 수도 없이 많다. 컴퓨터가 시간을 알려 주어 잠을 깨우는 과정부터 전동 휠체어에 옮겨 타는 것, 휠체어가 바퀴로 굴러가는 것, 또한 배터리의 힘으로 에너지를 얻는 것 등이 모두 과학의 원리이다. 재미있는 그림과 함께 소개한다면 어린이들은 흥미진진하게 과학적 사실들을 인지하게 될 것이다.

이것을 다음과 같이 썼다고 생각해 보라.

이제부터 스티븐 호킹에 대해서 이야기하겠습니다.

스티븐 윌리엄 호킹(Stephen William Hawking, 1942년 1월 8일 ~)은 케임브리지대학의 루카스 수학 석좌교수로 학생들을 지도하는 영국의 이론물리학자입니다. 그는 블랙홀이 있는 상황에서의 우주론과 양자 중력의 연구에 크게 기여했습니다. 자신의 이론 및 일반적인 우주론을 다룬 여러 대중 과학서도 저술했는데 『시간의 역사』는 런던 선데이 타임스 베스트셀러 목록에 최고 기록인 237주 동안 실렸을 정도입니다.

정말 재미없다. 어느 독자도 이런 글을 재미있다고 여기지 않으리라.

목차는 이렇게 내가 쓰고자 하는 글의 방향을 매력적으로 만들고, 독자들에게 흥미진진하게 다가갈 수 있도록 쓰여져야 한다. 그래서 목차를 다 쓰면 책 한 권을 다 쓴 거나 마찬가지라는 이야기를 한다.

순서도 바꾸어 보고, 다양하고 변형된 방식으로 목차를 꾸미려고 노력해 보자. 독자들은 이미 너무나 많은 책과 정보에 시달리고 있다. 새롭고 자극적이지 않으면 눈도 깜짝하지 않는다. 목차에서부터 승부는 시작된 것이다. 매력적이고, 독특한 목차가 아니고서는 독자들의 사랑을 받기 어렵다. 이래서 작가의 길은 멀고도 험하다는 말이 나온 것인지도 모른다.

2. 쓰기

목차가 결정되면 이제 원고를 쓰기 시작해야 한다. 주의해야 할 점 가운데 중요한 것은 바로 독자층이 누구인가에 따라 문장을 맞춰 써야 한다는 점이다. 아무리 좋은 지식이어도 어린이 독자들이 이해할 수 없다면 그것은 죽은 지식이나 다름없다.

쉽게 쓰자

스티븐 호킹이 누구도 이해할 수 없는 어려운 우주 창조의 원리를 깨달은 물리학의 천재라지만 그의 이론을 어린이들이 읽게 하려면 어린이들 눈높이로 글의 수준을 맞추어야 한다. 그래서 아동도서를 쓰는 것이 어렵다는 말이다. 어른들이 알고 있는 개념으로 쉽게 접근을 하면 쉬울 텐데 그것이 허용되긴 힘들다.

빅뱅의 원리로 우주는 팽창과 수축을 반복한다.

이런 문장이 있다고 치자. 빅뱅이 무엇인지, 팽창과 수축이 무엇인지를 알려면 중학교 이상이 되어야 한다. 초등학생이 이 내용을 쉽게 이해할 리 없다.

그렇다면 이 문장을 어떻게 풀어야 아이들이 쉽게 이해할 것인가? 비유법과 은유법 등 모든 것을 다 동원해야 한다. 나라면 이렇게 쓸 것이다.

우주는 옛날에 거대한 폭발로 만들어졌습니다. 그래서 지금도 계속 엄청나게 빠른 속도로 커지고 있지요. 풍선에 바람을 빠르게 넣듯이 우주는 커집니다. 풍선 위에 두 개의 점을 찍으면 점점 그 사이가 멀어지는 것처럼 별들도 그 거리가 점점 멀어지고 있습니다.

이 정도면 어린이들도 충분히 이해할 수 있을 것이다. 어린이 지식정보책을 쓸 때는 어린이의 언어로 쓰는 것이 집필의 우선 과제이다. 어린이 언어로, 어린이의 수준에 맞게 쓰지 못한다면 그 책은 실패하기 때문이다.

  큰 서점에 가면 읽기 등급을 매겨 놓은 책들을 보게 된다. 그 책의 어휘나 문장 등의 수준을 보고 정한 것이다. 이처럼 시장은 독자 위주로 빠르게 변하고 있다. 자신이 읽을 대상으로 잡고 있는 학년층에 맞는 문장을 쓰고 싶다면 그 학년층 아이들이 읽는 책을 읽고 훈련하는 것이 필요하다.

  어렵게 쓰는 것보다 쉽게 쓰는 것이 더 어렵다는 사실을 깨달아야 한다. 고치고, 고치고, 또 고쳐야만 어린이의 수준으로 쓸 수 있다. 아동 도서를 쓰는 것이야말로 '낮은 데로 임하소서'이다.

  수많은 동료 작가들이 아동 도서 분야로 진출하는 것을 보지만 그들이 큰 성과를 거두지 못하는 이유는 단 하나다. 어린이의 시각과 어린이의 문장으로 글을 쓰지 못하기 때문이다. 그런 면에서 본다면 자녀를 둔 사람들이 조금 유리하다. 아이들과의 대화를 통해 자연스럽게 어린이 수준의 언어와 문장을 구사할 수 있기 때문이다.

  어린이 수준의 문장을 써야 한다는 사실에 벌써 두려워하는 사람이 있을지도 모른다. 하지만 걱정할 필요는 없다. 최선을 다해 글을 쓰면 그 뒤에는 유능한 편집자들이 기다리고 있기 때문이다.

  그들은 당신의 문장을 아이들이 이해할 수 있는 문장인지 아닌지 짚어 준다. 그들에게 수고를 나누어 주자. 편집자가 왜 필자의 동료인지를 다시 한 번 확인시켜 주는 대목이다.

재미나게 쓰자

어린이의 수준으로 문장을 쉽게 낮추었으면 그 다음에는 재미있게 써야 한다. 왜냐하면 아이들은 집중력이 금세 떨어지기 때문이다. 책을 끝까지 읽을 수 있으려면 묘사가 되어야 한다. 설명해서는 곤란하다. 설명이야말로 가장 지루한 가르침이기 때문이다.

다음 문장을 한번 보자.

스티븐 호킹은 전동 휠체어를 타고 움직여야만 합니다. 전동 휠체어의 동력으로 스티븐 호킹은 원하는 곳으로 쉽게 이동할 수 있습니다.

이 문장과 다음 문장은 어떻게 다른가.

스티븐 호킹은 전동 휠체어를 쓰다듬으며 말했습니다.
"사랑하는 애마 일렉트로야, 잘 있었니? 오늘도 한번 해 보자꾸나."
스위치를 넣자 전동 휠체어는 기운차게 모터를 돌려 앞으로 나아갔습니다.

어느 문장이 아이들에게 더 흥미를 주겠는가.

어린이들은 대상에 쉽게 감정이입한다. 아무것도 아닌 일에 슬퍼하기도 하고, 기뻐하기도 한다. 그렇기 때문에 이러한 기법을 적극 활용하는 것이 좋다. 그래서 내가 쓰는 책들은 작품의 서술 주체(내레이터)가 가끔 사물일 경우도 있다.

 헬렌 켈러의 전기를 쓴 적이 있는데 그때 그녀의 일거수일투족을 잘 지켜보고 이야기해 주는 존재가 있었다. 그것은 바로 헬렌 켈러가 정원에서 물이라는 단어를 깨닫게 해 준 낡은 펌프였다.

그래서 그 책의 첫 문장도 "나는 펌프입니다."로 시작한다. 펌프가 하나에서 열까지 헬렌 켈러의 모든 것을 알고 독자들에게 설명해 준다. 얼마나 흥미진진한가. 펌프가 말을 할 수 있다니. 만일 어른의 시각에서 헬렌 켈러를 소개한다면 아이들은 분명 따분해하고 재미없어 할 것이다.

그때 나의 기획에 참가했던 작가들도 이 방식을 택했다. 베토벤의 경우에는 그가 휘둘렀던 지휘봉이 서술자가 되고, 세르반테스는 그가 썼던 펜이 주인을 소개해 주고 그들의 삶에 대해 이야기해 주었던 기억이 난다.

모름지기 작가라면 다양한 아이디어로 아이들이 조금이라도 즐겁게 책을 읽을 수 있도록 궁리해야 한다. 그것이 바로 작가의 의무이기 때문이다.

짧고 간결하게 쓰자

쉽고 재미있게 써야 할 뿐 아니라 아동 도서의 문장은 짧고 간결해야 한다. 긴 문장은 항상 실수를 만들어 낸다. 짧은 문장이어야 쉽게 내용을 이해하고 파악할 수 있다.

　오늘날에는 일반적으로 약 100~200억 년 전에 대폭발(이 격렬한 폭발로부터 우주가 탄생했을 것으로 추정됨)로 우주가 탄생했다고 믿고 있는데 우주는 밀도와 압력이 매우 높은 초기 상태로부터 나이가 들면서 팽창함에 따라 물질은 온도가 내려가고 서로 뭉쳐져서 별과 행성(行星)이 형성되었다는 사실은 밝혀졌으나 아직까지 해결하지 못한 문제가 많이 있고 최근의 증거 때문에 대폭발 모형의 일부에 대한 반론이 제기되고 있지만, 이 이론은 아직까지 타당한 것으로 남아 있다.

　일부러 만든 것이긴 하지만 이렇게 긴 문장을 실제로 쓰는 사람도 있다. 이렇게 길게 쓰는 것도 힘든 일이지만 짧은 문장을 쓰는 것은 어려운 일 가운데 하나다. 문체는 세계관을 반영하기 때문에 이해가 안 되는 바는 아니다. 그러나 노력하고 스스로 고치려는 실천이 없다면 그는 외면받는 작가가 되고 말 것이다. 짧게짧게 끊어서 아이들이 쉽게 이해할 수 있도록 쓰는 노력을 해야 한다. 특히 지식정보책일 경우는 더욱 그러하다. 짧은 문장으로 앞 문장이 뒷 문장의 원인이 되고, 뒷문장이 앞 문장의 결과가 되는 식의 논리적인 서술과 전개가 반드시 필요한 이유가 여기에 있다.

　오늘날에는 일반적으로 약 100~200억 년 전에 대폭발(이 격렬한 폭발로부터 우주가 탄생했을 것으로 추정됨)로 우주가 탄생했다고 믿고 있다. 초기의 우주는 밀도와 압력이 매우 높았다. 그러나 나이가 들면서 팽창했다. 그에 따라 물질은 온도가 내려가고 서로 뭉치기 시작했다. 그 결과 나타난 것이 별과 행성(行星)이라는 사실은 이미 밝혀졌다. 하지만 아직까지 해결하지 못한 문제가 많이 있다. 대폭발 모형의 일부에 대해 반론이 제기되고 있다. 최근의 증거들이 그 근거다. 하지만 이 이론은 아직까지 타당한 것으로 여겨진다.

같은 문장이지만 짧으면 그만큼 이해하기 쉽다. 한 문장이 하나의 뜻을 담고 있기 때문이다.

컴퓨터와 손글씨의 차이

잠시 쉬어 가는 의미에서 컴퓨터로 쓰는 것과 연필로 쓰는 것이 어떻게 다른지 생각해 보자.

손으로 쓰면 속도에서는 컴퓨터를 따라갈 수 없다. 그러나 문장 하나하나를 생각하며 쓰게 된다. 경험에 따르면 컴퓨터가 아닌 육필로 원고를 쓸 경우, 쓰는 과정에서도 두세 번은 문장이 바뀌는 것을 경험한다.

하지만 컴퓨터로 쓸 때에는 쓰고자 하는 애초의 의도대로 바로바로 입력이 되어 버리기 때문에 속도 면에서는 빠르지만 글의 방향은 육필로 쓴 것보다 무겁거나 진중하지 못하다. 물론 무겁거나 진중하지 않은 약점은 손쉽고 빠른 수정을 통해서 보강이 될 수 있다.

양쪽 다 장단점이 있는 것이다. 경쾌하고 빠른 문장이 필요하다면 컴퓨터를 쓰면 되고, 진중한 성격의 필자라면 육필로 써도 괜찮다. 어느 방식이든 취향대로 하면 되는데 아동도서의 경우 육필도 권고할 수 있는 이유는 분량이 적기 때문이다. 장편소설을 육필로 쓴다면 얼마나 괴롭겠는가. 하지만 아동 지식정보책들은 기껏해야 200자 원고지 200~300장이다. 그림과 각종 자료들이 소개되기 때문이다.

책을 쓰다 보면 필자에 따라 집필 방식이 다르다. 그런데 가만히 보면 한꺼번에 모두 써 버리는 사람도 있고, 조금씩 나누어 쓰는 사람도 있다.

나는 나누어 쓰는 스타일인데 작품에 따라 한 번에 글 한 편을 쓰기도 한다. 결론은 그때그때 다르다는 게 정답일 것 같다.

그러나 다른 직업을 가지고 있거나 가정주부인 경우, 집필에 많은 시간을 투자하기 어렵기 때문에 집필 계획서를 짜는 것이 좋다. 즉, 다이어리를 하나 준비해서 오늘의 할 일과 그 양을 정하는 것이다. 그 분량을 쓰고 나면 더 이상 작업을 하지 않아도 되니 자신의 시간을 확보할 수 있다.

물론 이런 방식은 갑질나서 싫다는 사람도 있겠지만 글을 쓰는 것은 고도의 집중력을 요하는 일이다. 집중해서 쓰다가 휴식을 취하면서 길게 오래 생각하려면 조금씩 쓰는 것이 좋다.

나의 경우에도 글을 쓰다 보면 소위 필(feel)이 꽂힌다고 해서 무한정 쓸 때가 있다. 신이 나서 원고를 쓰고 나면 뿌듯하지만 반면에 부작용도 심각하다. 다음날이 되면 탈진해서 원고를 쳐다보기도 싫어진다. 그럴 때 드는 심정은 이런 것이다.

'어제 많이 썼으니까 오늘 좀 쉬지.'

그런데 또 그 다음날이 되면 여전히 피로가 회복되지 않아 또 하루를 더 쉬게 된다. 일을 충분히 해 놓았다는 생각 때문이다.

이러다 보면 결국 원고에 대한 감각을 잊어버린다. 그리고 뒤늦게 마음을 다잡아 써 놓은 글을 들추어 보면 엉뚱한 방향으로 가 있기 일쑤다. 모두 다시 써야 하니 결국 이삼 일의 시간이 허송되고 마는 것이다. 그렇기 때문에 계획을 짜서 조금씩 나누어 쓰는

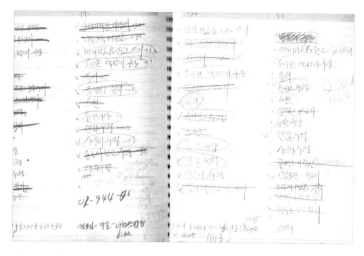

것은 이러한 시행착오를 막을 수 있는 지름길이다.

또한 신중하게 원고를 쓸 수 있기 때문에 내용이 탄탄해진다. 밤을 새거나 불규칙하게 원고를 쓰는 사람이 있는데 별로 권하고 싶지 않은 방식이다. 프로작가라면 모름지기 자기 관리가 잘되어야 한다. 일정한 시간을 할애해서 꾸준히 글을 쓰는 훈련이 되어야 한다. 프로야구 선수들의 경우도 빠뜨리지 않고 매일 몇백 개씩의 스윙을 연습한다. 그것이 프로의 자세다. 감각을 잃지 않으면서 컨디션이 좋거나 나쁘거나 일정한 수준의 일을 해낼 수 있어야 한다. 안 나오는 글을 짜내는 것도 힘들지만 마구 달려가는 생각을 억제하면서 필요한 만큼만 잘라서 작업을 하는 것이 진정한 프로라고 생각한다. 그래야 동시에 여러가지 일을 하는 멀티태스킹도 할 수 있다.

한 권의 원고가 끝나야 그 다음 원고를 쓰는 스타일의 작가도 있는데, 그러한 사람들은 대부분 곤란을 많이 겪는다. 하나의 원고가 막혀서 끝나지 않으면 다음 원고가 줄줄이 밀려 곤욕을 치르기 때문이다.

훈련만 제대로 된다면 굳이 그럴 필요는 없다. 즐거운 마음으로 쓰는 원고는 어린이들에게도 즐거운 마음이 전달되는 법. 조금씩 부담을 줄이며 쓴다면 하루에도 성격이 다른 책 여러 권을 나누어서 쓸 수도 있다. 그러면 싫증도 덜 난다. 그러한 방식을 채택하면 오래도록 롱런하면서 많은 책을 펴낼 수 있다. 제법 유명한 작가가 되면 이곳저곳에서 원고 청탁이 들어오니 이러한 방법을 통해서 자신의 재능을 마음껏 발휘해 보기 바란다.

나의 경우에는 주로 컴퓨터로 작업을 하지만 상당량의 초고 작업은 녹음기로 한다. 즉, 개요와 목차가 짜이면 녹음기에 대고 구술을 하는 것이다. 녹음기에 구술을 하면 좋은 점은 속도가 빠르다는 것이다. 컴퓨터 자판으로 입력하는 것이 따라올 수 없을 정도다. 게다가 생각의 흐름에 따라서 말이 나오기 때문에 그 어떤 방식보다도 효율적이다.

이렇게 해서 녹음된 테이프는 입력을 잘하는 사람에게 부탁해서 원고로 만들면 된다. 나의 경우에는 최고의 입력 전문가가 이렇게 녹음한 테이프를 듣고 입력해 준다. 10여 년 이상 이 방식을 썼는데 나에게 맞는 가장 효과적인 방법인 것 같다. 입력자는 내 음성을 입력해 이메일로 보내준다. 그것이 바로 초고인 셈이다.

초고를 다듬는 작업은 물론 나의 노동력이 필요하다. 마음에 들 때까지 충분히 고치고 다듬어야 한다. 그래도 없는 것을 만들어 내는 초고 만들기의 고통을 빠르게 건너뛰니 효율은 높다. 물론 퇴고의 과정은 그 누구에게나 다 고통스럽기 때문에 쉽게 원고가 나오는 것은 아니다. 그러나 용기를 내서 시도할 만하다.

녹음하는 방식은 시간과 장소의 구애받지 않는다는 좋은 점도 있다. 나는 운전하고 있을 때나 야외에 있을 때도 작업을 할 수 있다. 오랜 작가 생활이 나를 이렇게 훈련시킨 것이다. 특정 시간, 특정 장소에서만 글을 쓰겠다는 생각은 하지 않는 것이 좋다. 도서관에 가야만 한다거나, 내 서재에서만 글을 쓸 수 있다면 그것은 진정한 프로의 자세가 아니다. 야구 선수가 어느 한 구장에서만 홈런을 친다면 그 사람이 어떻게 프로이겠는가.

문장 평가의 기준

- 알기 쉽게 쓰여졌는가?
- 가치 있는 주제를 담고 있는가?
- 주제에 의한 통일이 이루어져 있는가?
- 구체적이며 설득력 있는 소재들로 이루어져 있는가?
- 논리적이고 효과적으로 구성되어 있는가?
- 단락 상호간의 연결이 긴밀히 잘되어 있는가?
- 내용을 정확히 전달하고 있으며 표현 능력이 풍부한가?
- 정확하고 구체적이며 명확한 용어를 사용했는가?
- 문법과 격식에 맞추어 썼는가?
- 독창성이 있는가?
- 멋 부리지 않으며 솔직 담백한가?

3. 퇴고

다양한 자료와 아이디어들을 엮어서 집필하는 작업은 고통스럽지만 즐거운 것이다. 세상에 없는 책이 나오는 퇴고의 과정이 기다리기 때문이다.

'퇴고'라는 말의 유래는 이렇다. 당(唐)나라의 시인 가도(賈島)가 나귀를 타고 가다 문득 시상이 떠올랐다.

새는 연못가 나무에 자고(鳥宿池邊樹)
중은 달 아래 문을 민다(僧推月下門)

시문으로 '문을 밀다(推)'보다 '두드린다(敲)'라고 하는 것이 어떨까 생각하며 걷다가 그만 당대의 고관 행차와 부딪혔다. 고관의 행차를 방해한 큰 실수였는데 그 고관은 바로 유명한 한유였다. 한유가 누구인가. 당송팔대가가 아닌가. 그의 앞에 불려 간 가도가 자초지종을 이야기하니 전문가인 한유는 다음과 같이 말했다.

"남의 집 대문을 중이 다짜고짜 미는 것은 이상하다. 하룻밤 자도 되냐고 묻기 위해 문을 드리는 게 맞다."

이렇게 해서 퇴고라는 말이 우리에게 알려졌다.

퇴고의 과정은 인터넷 등을 뒤져 보면 기본적인 원리와 원칙 등이 많이 있다. 원칙적으로 나는 그러한 퇴고의 과정에 동의한다.

퇴고의 3원칙 :
① 덧붙인다
쓴 글에서 빠진 부분과 부족하다고 느껴지는 부분을 찾아 보완해

야 한다. 그리고 글 쓰기 전에 의도했던 주제가 잘 드러났는지, 비약하며 건너뛴 부분은 없는지, 논리적인 결함은 없는지를 살핀다.

② 삭제한다

글에 불필요한 부분이나 지나치게 많이 들어간 부분을 찾아 삭제한다. 쓸데없이 덧붙여 과장된 곳이나 표현이 지나쳐서 조잡하고 꾸민 느낌을 주는 부분이 있는지 살펴 문장이 긴장미를 지니게 한다.

③ 재구성한다

글의 구성이나 구조를 바꾸어 놓았을 때 더욱 효과적일 수 있는가를 살펴보고, 문장 구성을 변경하여 주제를 좀 더 부각시킨다.

퇴고를 할 때는 일단 초고를 묵혀 두는 과정이 필요하다. 초고를 쓸 때의 흥분과 감동이 아직 사그라지지 않았기에 그렇다. 원고가 완성되면 잠시 잊고 다른 작업을 하는 것이 좋다.

시간이 흘러 어느 정도 흥분이 가라앉았을 때 원고를 다듬기 시작한다. 원고를 다듬을 때에는 맞춤법과 띄어쓰기를 제일 먼저 손봐야 한다. 두 번째로 다듬을 때는 내용에 대한 첨삭에 들어간다. 내용을 다듬을 때에는 항상 의문을 갖고 원고를 보아야 한다. 내가 가장 애용하는 의문은 이것이다.

과연 그러한가?

호킹 박사가 우리나라에 와서 활동한다고 들은 기억이 있으면 과연 왔는가를 찾아보아야 한다. 그러려면 인터넷 정보를 뒤져야 한다. 그러면 호킹 박사가 몇 차례 방문했다는 사실도 알게 되고 구체적인 정황도 알게 된다. 책의 내용이 진실을 바탕으로 좀 더 생생해지는 것이다. 몇 연도에 왔다는 사실을 알게 되면 그 시점에 맞는 묘사가 들어간다.

또 다른 의문은 이것이다.

왜 그러한가?

왜 호킹 박사는 컴퓨터로 말을 하게 되었나? 그 이유는 병으로 언어 기능을 상실했기 때문이다. 언어 기능을 상실했으면 어떻게 해야 하는가? 다른 대체 수단을 찾아야 한다. 그것이 바로 컴퓨터 이다.

이런 식으로 자신의 원고에 날카로운 의문의 메스를 수시로 대야 한다.

주인공의 대사는 왜 필요한가? 이 정보는 왜 필요한가? 왜? 왜? 왜라는 질문을 끊임없이 던지는 것을 천성으로 생각해야 한다. 그러다 보면 정말 좋은 정보와 지식을 책에 담을 수 있다.

또한 어디서, 누가, 무엇을, 어떻게 했는가도 중요하다. 이것을 '육하원칙'이라고 하는데 문장뿐만 아니라 내용에서도 꼭 지켜야 한다. 육하원칙이 철저히 지켜진 문장으로 내용을 서술해야 필자의 생각이 독자들에게 정확히 전달된다. 그렇기 때문에 글을 쓸 때부터 육하원칙을 지키는 습관을 반드시 들여야 한다. 그래야 문장의 오류를 줄일 수 있다.

그 다음으로 중요한 퇴고의 과정 중 하나가 소리 내어 읽는 것이다. 눈으로만 보면 모든 문장이 매끄러우며 미문이고 명문이지만 소리 내어 읽으면 다르다. 잘 읽히는 줄 알았던 문장들이 숨이 막

히거나 혀가 꼬여 발음이 잘되지 않는다. 원고의 빈 곳이 보여 중간중간 어색하기도 하다.

소설가 이문열 선생이 얼마 전에 문장의 노하우를 공개한 적이 있는데 대개 읽기 좋은 7·5조나 3·4조로 쓴다는 것이다. 나 역시 리듬감을 살릴 수 있게 문장을 꾸미는 것이 중요하다고 여긴다. 게다가 어린이 책은 엄마 아빠가 부드럽게 읽어 줄 수 있어야 아이들이 내용에 빠져든다. 잠자기 전에 읽는 책일수록 더욱 그렇다.

자기가 스스로 읽으면서 어색한 부분은 매끄러워질 때까지 고쳐야 한다. 매끄럽게 읽히는 원고는 반드시 독자들의 주목과 함께 사랑을 받는다. 거친 문장, 중언부언, 독자를 가르치려는 어설픈 태도, 이런 것들은 모두 금기 사항이다. 겸허하면서도 독자들이 편안하고 재미있게 읽을 수 있도록 해야 하는 것이 작가의 의무라 할 수 있다.

아래 기사를 살펴보자.

최수철 씨는 "이 시대에 독자들의 변화는 상당하다. 글쓰기 변화의 속도보다 독자들의 변화 속도가 더욱 빠르다."면서 "내가 우려하는 것은 그런 속도의 차이로 인해 전 시대의 중요한 가치들 중 많은 것을 잃게 되지 않을까 하는 점."이라며 독자와 문학의 괴리를 우려했다.

최 씨는 "예전에는 화합을 너무 잘하는 작가들이 의심을 받고, 불화를 겪는 작가들이 그 가치를 인정받았는데, 이제는 그런 풍토도 거의 사라지고 있다. 창조적인 불화의 개념이 경원되고 있다."며 "문학의 위기는 거기에서 오는 것이 아닐까"라고 말했다.

- 자료 ; 연합뉴스(2007.9.18)

한마디로 작가가 독자들이 원하는 서비스를 하기 어렵게 되었다는 단말마적인 비명이다. 그러나 독자들이 읽고 싶은, 읽기 좋은 글을 써내지 못한다면 더 이상 작가가 아니다. 그렇기에 작가라는 사람은 스스로 뼈를 깎는 변화와 개혁의 중심에 있어야 한다.

퇴고의 과정도 바로 거기에서 조금도 벗어나는 것이 아니다. 소리 내어 몇 번 읽다 보면 자신의 문장이 확실히 좋아졌다는 것을 알게 된다. 눈으로만 고치면 안 되는 이유가 바로 여기에 있다.

또한 퇴고의 과정에서 내가 소개하는 정보들이 올바른 정보인지 확인해야 된다. 사진이 안 좋으면 다시 가서 찍어야 하고, 의문이 나는 정보가 있다면 취재 과정에서 들추어 보았던 자료를 뒤지거나 전문가에게 다시 질문을 해야 한다. 자신의 책에 있는 모든 내용을 자신이 낱낱이 알고 있고 책임질 수 있어야 한다. 그렇지 않으면 나중에 큰 창피를 당할 수도 있다.

나의 경우 『장영실』이라는 책이나 『광개토왕』을 썼을 때 사학을 전공한 어린이 책 전문가가 전화를 걸어와 틀린 점을 지적해 주었다. 너무나 고맙고 감사해서 식사를 대접하기로 하고 집필실로 초대했다. 알고 봤더니 그 분은 어린이 책을 읽고 역사의 고증이 잘못된 점을 바로잡는 전문가였다. 그런 분을 만날 수 있다는 것은 큰 행운이다. 오류가 고쳐지지 않고 계속 이어진다면 생각만 해도 끔찍하지 않은가.

필자는 책에 끝까지 책임을 져야 된다. 어설픈 지식과 정보로 독자를 우롱하려 해서는 안 된다. 책이 발간된 후에라도 잘못된 정보가 있다는 것을 알게 되면 언제든지 수정하려는 자세가 필요하다.

물론 일차적으로 잘못된 지식은 편집자들이 걸러 줄 것이기에 크게 걱정할 필요가 없기는 하다. 필자가 원재료를 제공한다면 편집자는 그 재료를 일차 가공하는 사람이다. 원재료가 좋다면 가공한 작품도 훨씬 좋게 나오는 것이다. 필자의 초고가 좋아야 하고, 퇴고를 통해 다듬어야 하는 이유가 여기에 있다.

퇴고의 요령 :

① 전체의 검토

표현하고자 했던 내용이 충분히 표현되었는가, 주제는 확실히 드러났는가를 살핀다. 요점이 잘 드러나고 있으며 엉뚱한 부분이 강조되어 있지는 않은가도 찾아본다. 세부적인 항목들이 모두 주제와 연관되고 조화되어 있는가, 중심 줄거리와 어긋나는 항목이 들어가 있지는 않은가, 까다롭거나 모호한 항목이 들어가 있지는 않은가를 살핀다.

② 부분 검토

모든 단락이 하나의 작은 주제 아래서 유기적으로 통일되어 있는가, 강조는 적절하며 각 부분은 중요도에 따라 적절한 비율로 쓰여졌는가를 살핀다. 부분과 부분의 관계는 논리적으로 명료한가, 한 명제에서 다른 명제로 옮아갈 때 그 발전을 명확하게 나타내고 있는가를 살핀다.

③ 문장 검토

각각의 문장은 내용을 정확히 드러내고 있는가, 문법과 문맥에 실수나 이상은 없는가를 살핀다.

④ 단어 및 용어의 검토

정확한 단어가 사용되고 있는가, 잘못 이해한 용어나 개념은 없는가, 독자가 이해하기 힘든 단어나 표현은 없는가를 살핀 뒤 오·탈자를 잡아낸다.

⑤ 최종 종합 검토

가급적 많이 낭독을 하면서 어색한 곳이 없는가를 살펴본다. 어색한 곳이란 맞춤법이 잘못된 곳, 부호가 잘못 사용된 곳 등이다. 그 글이 발표된 이후 후회를 하거나 남의 권리를 침해하거나 비난받을 부분은 없는가도 살펴야 한다. 가능하면 다른 사람에게 읽게 하여 충고를 듣는 것이 좋다.

■ **문장력 향상에 도움이 되는 책**

『문장강화』(이태준, 창작과 비평)

『글쓰기의 공중부양』(이외수, 해냄출판사)

『문장기술』(배상복, 랜덤하우스코리아)

『다시 써야 할 우리말 사전 4500』, (고정욱, 자유로운 상상)

1. 다음 문장들을 맞춤법에 맞게 고쳐 보자

① 더우기 이처럼 우리 경제가 안팎으로 위기에 처한 시기에 외제품의 과소비

는 나라의 앞날을 걱정하는 사람으로서 옳은 행위가 아니오.

② 김회장 : "우리 비룡이 부동산투기를 해서 자금사정을 호전시키는 거 여러

　　　　　 분 어때요?"

　이사진 : (손가락으로 동그라미를 만들면서)"좋읍니다."

③ 어머님께서 밤새 지어주셨던 고까옷을 다시금 꺼내보니 웬지 지금의 내 신

세가 처량해서 좀체 나오지 않던 눈물이 두눈에 괴면서 섧다.

④ 까부는 주인집 막내아들 녀석의 철없는 행동들을 그 나이면 겪을 수 있는

모든 어리석음을 경험해본 나는 옆에서 지켜보기 안타까왔지만 녀석에게

이를 지적해주거나 뭐라고 충고한다는 건 무리였다. 막되기가 엉덩이에 뿔

난 송아지인 녀석은 내가 뭐라고 한마디만 한다면 대뜸 제 집 하나 없어 세

방살이 하는 주제에 남의 일에 무슨 상관이냐고 대들 것이 뻔하기 때문이

다. 결국 내가 할 수 있는 건 고작 녀석과 마주칠 때마다 눈을 마추면서 내

시선에 무한한 동정과 싸늘한 냉소를 동시에 담아 주는 일이었다.

⑤ 미싯가루를 물에 타먹으면 미쟁이가 바르다 만 천정을 올려다 보니까 벽에 걸린 선반 구석에 케케묵은 먼지가 뽀얗게 앉은 것이 눈에 들어왔다.

⑥ 사람을 찾읍니다. 이름은 박미정으로 올해 일곱 살 난 여자아이입니다. 신체의 특징으로는 오른쪽 발바닥에 검은 점이 두 개 있읍니다. 이 아이를 보신 분 212-2345번으로 연락 주시면 고맙겠읍니다.

⑦ 시장에서 살아있는 우렁쉥이를 사다가 부엌에서 칼로 갈랐더니 지켜보던 딸아이가 섧다고 운다. 죽은 우렁쉥이가 가엽다는 거다. 마침 큰 아이가 시험이라고 선물로 들어와서 남아 있던 가래엿을 주어 봤지만 좀체 울음을 그치지 않는다. 설겆이물 버리고 들어와 보니 그제서야 눈물을 닦고는 엿을 먹고 있었다.

⑧ 내가 그를 만났을 때 그는 너무도 반가와했다. 그간의 업무 협력과 잦은 연락으로 우리 사이는 그만치 가까와진 것이었다.

"아이고 심선생님. 반갑읍니다."

"예, 그간 안녕하셨읍니까?"

"저번에 하신 부탁은 꼭 들어드리려고 했는데 제 소관이 아니어서 안타까왔

읍니다."

"무슨 말씀을. 안 그래도 제 조카가 신세 많이 끼쳤다면서 고마와 하고 있읍

니다."

"변변히 도와드리지도 못했는데, 아뭏든, 감사합니다."

⑨ "수꿩은 장끼, 암꿩은 까투리라고 합니다."

"선생님, 질문 있읍니다. 쥐의 숫놈은 뭐라고 하지요?"

"그냥 수쥐라고 하지요."

"아닙니다. 쥐의 숫놈은 미키마우스예요."

"하하하."

"그럼 선생님, 쥐의 암놈은 뭐라고 할까요?"

"보나마나 미니마우스겠죠?"

"아녜요. 그냥 암쥐예요."

⑩ 그날 우리집 자봉틀을 고치고 간 사내를 나는 다시 만날 수가 없었다. 서너

살 난 아들을 데리고 다니던 그였는데, 그날 우리집 툇마루에서 잠들었던

아이는 손때가 묻은 호루루기를 잃어버리고 갔다.

정답

① 더우기 → 더욱이, 아니요 → 아니오

② 좋읍니다 → 좋습니다

③ 고까옷 → 꼬까옷, 때때옷, 좀체 → 좀처럼, 괴면서 → 고이면
서, 섧다 → 서럽다

④ 안타까왔지만 → 안타까웠지만, 세방살이 → 셋방살이, 마추면
서 → 맞추면서

⑤ 미싯가루 → 미숫가루, 미쟁이 → 미장이, 천정 → 천장, 켸켸
묵은 → 케케묵은

⑥ 찾읍니다 → 찾습니다, 있읍니다 → 있습니다, 고맙겠읍니다
→ 고맙겠습니다

⑦ 우렁쉥이 → 멍게, 부엌 → 부엌, 섧다고 → 서럽다고, 가엽다
→ 가엾다, 가래엿 → 가락엿, 좀체 → 좀처럼, 설거지물 → 개
숫물

⑧ 반가와했다 → 반가워했다, 가까와진 → 가까워진, 반갑읍니다
→ 반갑습니다, 안녕하셨읍니까? → 안녕하셨습니까?, 안타까
왔읍니다 → 안타까웠습니다, 고마와 → 고마워, 있읍니다 →
있습니다, 아뭏든 → 아무튼

⑨ 수퀑 → 수꿩, 있읍니다 → 있습니다, 숫놈 → 수놈, 수쥐 → 숫
쥐

⑩ 자봉틀 → 재봉틀, 호루루기 → 호루라기

2. 다음 문장을 올바르게 띄어쓰기 해보자.

① 모든일에아는척을잘하는내친구의이름은김승지다.그는나와창천국민학교동

창인동시에연세대학교를1977년에입학한같은학번의동창이다.국민학교삼

학년과육학년때우리는같은반이었고,우리는그즈음모든일을같이하고콩한개

가생겨도나눠먹을만큼친했고,존경하는인물이주시경선생인것까지똑같았다.

② 소설은자아와세계가상호우위에입각한대결을벌이는것을기본특징으로삼는

다.그러나이런특징이관철되는데오랫동안장애요인이나결격사유가있었다.

자아와세계의상호우위가불완전하거나대결이지속적으로이루어지지않은작

품이적지않았다.천상계에근거를두었거나또는그렇지는않은도덕적당위성이

현실에서의대결에개입해이원론적구조를만들어내기도했다.그런잔재가남아

이광수의소설에서는자아의내면적신념에지나지않는도덕적당위성이세계까

지좌우해야한다는불가능한요구를했다.김동인은도덕적당위성에대해크게반

발하고자아의능력을공허하게만들어세계의횡포를제어할수없게했다.나도향

의소설에는자아가세계의횡포를무시한환상을가지다가어처구니없는차질을

빚어냈다.그런데현진건은자아의투지와세계의횡포가정면으로대결하는작품

을이룩해소설을소설답게하는작업을일단완결지었다.그래서근대소설을확립

하고근대소설이사실주의소설이지않을수없게했다.

③ 최인호의무엇이나를사로잡았던것일까.지금생각해보면,지배이데올로기에

의해잘혹은엉성하게포장된이세계의진상이온통허위투성이임에대해활짝열

려있는최인호의감수성과,그것을일찌감치알아버린자의허무주의적파행과위

악을보여주는최인호의인물들에나는사로잡혔던것같다.당시나는,고등학교

까지의제도교육을특징짓는직접적인구속과강요로부터막벗어나그구속과강

요에의해내눈에씌워졌던지배이데올로기의엷은막이점차벗겨지면서그토록

확고해보였던이세계를이루는여러국면들이실은온통허위투성이임을급격히

깨달아가고있었으므로(그때까지나는얼마나 '모범적인' 학생이었던것인가!

그댓가로나는그무렵깊은환멸에빠져들고있었다),그런내게최인호의소설이

경탄과충격으로부각되었던것은자연스러운일이었던듯싶다.

④ 1960년4월19일이나라젊은이들의혈관속에정의를위해서는생명을능히던

질수있는피의전통이용솟음치고있음을역사는증언한다.

부정과불의에항쟁한수만명학생대열은의기의힘으로역사의수레바퀴를바로

세웠고,민주제단의피를뿌린185위의젊은혼들은거룩한수호신이되었다.

해마다4월이오면접동새울음속에그들의피묻은혼의하소연이들릴것이요,해

마다4월이오면봄을선구하는진달래처럼민족의꽃들은사람들의가슴마다에

되살아피어나리라.

정답

① 모든 일에 아는 척을 잘하는 내 친구의 이름은 김승지다. 그는 나
와 창천초등학교(창천 초등학교) 동창인 동시에 연세대학교(연
세 대학교)를 1977년에 입학한 같은 학번의 동창이다. 초등학교
삼학년과 육학년 때 우리는 같은 반이었고, 우리는 그 즈음 모든
일을 같이 하고 콩 한 개가 생겨도 나눠먹을(나눠 먹을) 만큼 친
했고, 존경하는 인물이 주시경 선생인 것까지 똑같았다.

② 소설은 자아와 세계가 상호 우위에 입각한 대결을 벌이는 것을 기
본 특징으로 삼는다. 그러나 이런 특징이 관철되는 데 오랫동안
장애요인이나 결격사유가 있었다. 자아와 세계의 상호 우위가 불
완전하거나 대결이 지속적으로 이루어지지 않은 작품이 적지 않
았다. 천상계에 근거를 두었거나 또는 그렇지는 않은 도덕적 당위
성이 현실에서의 대결에 개입해 이원론적 구조를 만들어내기도
했다. 그런 잔재가 남아 이광수의 소설에서는 자아의 내면적 신념
에 지나지 않는 도덕적 당위성이 세계까지 좌우해야 한다는 불가
능한 요구를 했다. 김동인은 도덕적 당위성에 대해 크게 반발하고
자아의 능력을 공허하게 만들어 세계의 횡포를 제어할 수 없게 했
다. 나도향의 소설에는 자아가 세계의 횡포를 무시한 환상을 가지
다가 어처구니없는 차질을 빚어냈다. 그런데 현진건은 자아의 투
지와 세계의 횡포가 정면으로 대결하는 작품을 이룩해 소설을 소
설답게 하는 작업을 일단 완결지었다. 그래서 근대소설을 확립하
고 근대소설이 사실주의 소설이지 않을 수 없게 했다.

③ 최인호의 무엇이 나를 사로잡았던 것일까. 지금 생각해보면, 지배 이데올로기에 의해 잘 혹은 엉성하게 포장된 이 세계의 진상이 온통 허위투성이임에 대해 활짝 열려있는 최인호의 감수성과, 그것을 일찌감치 알아버린 자의 허무주의적 파행과 위악을 보여주는 최인호의 인물들에 나는 사로잡혔던 것 같다. 당시 나는, 고등학교까지의 제도 교육을 특징짓는 직접적인 구속과 강요로부터 막 벗어나 그 구속과 강요에 의해 내 눈에 씌워졌던 지배 이데올로기의 엷은 막이 점차 벗겨지면서 그토록 확고해 보였던 이 세계를 이루는 여러 국면들이 실은 온통 허위투성이임을 급격히 깨달아가고 있었으므로(그때까지 나는 얼마나 '모범적인' 학생이었던 것인가! 그 댓가로 나는 그 무렵 깊은 환멸에 빠져들고 있었다), 그런 내게 최인호의 소설이 경탄과 충격으로 부각되었던 것은 자연스러운 일이었던 듯싶다.

④ 1960년 4월 19일 이 나라 젊은이들의 혈관 속에 정의를 위해서는 생명을 능히 던질 수 있는 피의 전통이 용솟음치고 있음을 역사는 증언한다.

부정과 불의에 항쟁한 수만 명 학생 대열은 의기의 힘으로 역사의 수레바퀴를 바로 세웠고, 민주 제단의 피를 뿌린 185위의 젊은 혼들은 거룩한 수호신이 되었다.

해마다 4월이 오면 접동새 울음 속에 그들의 피문은 혼의 하소연이 들릴 것이요, 해마다 4월이 오면 봄을 선구하는 진달래처럼 민족의 꽃들은 사람들의 가슴마다에 되살아 피어나리라.

3. 다음 문장을 적절한 문장부호를 사용하여 고쳐 보자.

① 철거반원들이 뚝다리마을에 들이닥치자 아비규환이 시작되었다 어린이들
은 빽빽 울고 노인네들은 허망하게 넋을 놓고 있었다 몇몇 부녀자들이 그
들의 완강한 무쇠 같은 팔뚝에 매달려보았지만 아무 소용이 없었다 순자
엄마 영철이 누나 이 사람들은 벌써 그들에게 어디를 맞았는지 저만치서
나뒹굴고 있었다 이때만은 뚝다리마을 사람들에게 집 집만이 인생의 전부
이고 삶의 의미인 듯했다 인간적으로 철거반원들의 철거는 너무도 무자비
한 것이었다

이때 돌연히 벽산아파트 옆길로 절뚝거리며 뛰어노는 사람이 있었다 625
때 오른쪽 눈을 잃고 419때 왼쪽 다리를 다쳤다는 임씨였다(그에게 있어
역사적 사건은 꼭 개인적 사건과 일치하는 것이었다) 그는 뚝다리마을 사
람들의 필독서는 『꼬방동네사람들』이라고 하면서 늘 그 책을 들고 다니던
사람이었다

이놈들아 누구 맘대로 우리집을 허무는 거냐

벽력같이 그는 외쳤다 무작정 당하기만 하던 주민들은 그제서야 힘을 얻기
시작했다

야 임씨다

이젠 살았다

여기저기서 반가운 탄성 그것은 사실 누군가가 앞장서길 바랐던 기다림에

서 나오는 것이었다 이 터졌다.

② 이때부터 싸움은 시작되는 것이다 그와 동시에 두 사람의 얼굴에는 무어라

고 형언할 수 없는 어떤 긴장이 서린다

득보는 주먹을 끄덕 들어 억쇠의 얼굴을 겨누며

얼시구 저절시구 가엾어라 이 늙은 놈아 내 한 주먹 번쩍하면

아주 노랫조로 목청을 뽑으면 껑충껑충 억쇠에게로 뛰어들어왔다 물러갔다

하는 것이다

네 이놈 새 뼈 같은 주먹으로 멋대로 한번 때려 봐라

억쇠는 그를 아주 멸시하듯이 태연자약하게 버티고 서 있다

내 한 주먹 번득이면 네놈 대가리가 박살이라

순간 득보는 주먹으로 억쇠의 왼쪽 눈과 콧잔등을 훑쳤다 그 자리에서 금시

퍼렁덩이가 들며 눈 안에는 핏물이 돌기 시작했다

③ 청년 비장하게 남보다 우월하고 훌륭한 조건 아래서 살고 싶은 생각은 없

어요 하지만 하지만 내 의지 이외의 것에 의해 패배하긴 싫단 말예요

형 딱하다는 표정으로 연애하는 때만큼 오해가 잘 생기는 때도 없어

청년 오해가 아녜요 이건 어쩜 내 앞날을 두고두고 악령처럼 따라 다니면서

관계할 일이예요

형 그렇게까지 문제가 심각한 것 같지는 않던데

청년 아녜요 심각해졌어요 우리의 사랑을 보는 내 눈이 바뀌면서부터 그렇

게 됐어요

형 사랑이라

청년 사랑은 지금까지 내겐 멀고 먼 환상인 줄만 알았어요 아니면 누구나

흔히 갖는 그 색바랜 통속이 사랑인 줄 알았어요 그런데 그게 아니더라구요

먹고 자고 사는 일상적인 것들은 내 주위에 있는 것들이지만 사랑은 내 가

슴 속에 있는 것이었어요 아니 우리 모두의 가슴 속에 각각

◇ 정답

① 철거반원들이 뚝다리마을에 들이닥치자 아비규환이 시작되었
다. 어린이들은 빽빽 울고, 노인네들은 허망하게 넋을 놓고 있
었다. 몇몇 부녀자들이 그들의 완강한, 무쇠 같은 팔뚝에 매달
려보았지만, 아무 소용이 없었다. 순자 엄마, 영철이 누나, 이
사람들은 벌써 그들에게 어디를 맞았는지 저만치서 나뒹굴고
있었다. 이때만은 뚝다리마을 사람들에게 집, 집만이 인생의

전부이고, 삶의 의미인 듯했다. 인간적으로, 철거반원들의 철거는 너무도 무자비한 것이었다.

이때 돌연히 벽산아파트 옆길로 절뚝거리며 뛰어노는 사람이 있었다. 6 · 25때 오른쪽 눈을 잃고 4 · 19때 왼쪽 다리를 다쳤다는 임씨였다. (그에게 있어 역사적 사건은 꼭 개인적 사건과 일치하는 것이었다.) 그는 뚝다리마을 사람들의 필독서는 『꼬방동네사람들』이라고 하면서 늘 그 책을 들고 다니던 사람이었다.

이때 돌연히 벽산아파트 옆길로 절뚝거리며 뛰어노는 사람 "이놈들아! 누구 맘대로 우리집을 허무는 거냐?"

벽력같이 그는 외쳤다 무작정 당하기만 하던 주민들은 그제서야 힘을 얻기 시작했다.

"야, 임씨다!"

"이젠 살았다!"

여기저기서 반가운 탄성 - 그것은 사실 누군가가 앞장서길 바랐던 기다림에서 나오는 것이었다 - 이 터졌다.

② 이때부터 싸움은 시작되는 것이다 그와 동시에 두 사람의 얼굴에는 무어라고 형언할 수 없는 어떤 긴장이 서린다

득보는 주먹을 끄덕 들어 억쇠의 얼굴을 겨누며,

"얼시구 저절시구, 가엾어, 이 늙은 놈아! 내 한 주먹 번쩍하면……."

아주 노랫조로 목청을 뽑으면, 껑충껑충 억쇠에게로 뛰어들어왔다 물러갔다 하는 것이다.

"네 이놈, 새 뼈 같은 주먹으로 멋대로 한번 때려 봐라."

억쇠는 그를 아주 멸시하듯이 태연자약하게 버티고 서 있다.

"내 한 주먹 번득이면…… 네놈 대가리가 박살이라……."

순간, 득보는 주먹으로 억쇠의 왼쪽 눈과 콧잔등을 훑쳤다. 그

자리에서 금시 퍼렁덩이가 들며 눈 안에는 핏물이 돌기 시작했다.

③ 청년 : (비장하게) 남보다 우월하고 훌륭한 조건 아래서 살고 싶은 생각은 없어요. 하지만 하지만 내 의지 이외의 것에 의해 패배하긴 싫단 말예요.

이때 돌연히 벽산아파트 옆길로 절뚝거리며 뛰어노는 사람

형 : (딱하다는 표정으로) 연애하는 때만큼 오해가 잘 생기는 때도 없어.

이때 돌연히 벽산아파트 옆길로 절뚝거리며 뛰어노는 사람이 때 돌연히 벽산아파트 옆길로 절뚝거리며 뛰어노는 사람

청년 : 오해가 아녜요. 이건 어쩜 내 앞날을 두고두고 악령처럼 따라 다니면서 관계할 일이예요.

이때 돌연히 벽산아파트 옆길로 절뚝거리며 뛰어노는 사람

형 : 그렇게까지 문제가 심각한 것 같지는 않던데?

이때 돌연히 벽산아파트 옆길로 절뚝거리며 뛰어노는 사람

청년 : 아녜요. 심각해졌어요. 우리의 사랑을 보는 내 눈이 바뀌면서부터 그렇게 됐어요.

이때 돌연히 벽산아파트 옆길로 절뚝거리며 뛰어노는 사람

형 : 사랑이라……

청년 : 사랑은 지금까지 내겐 멀고 먼 환상인 줄만 알았어요. 아니면 누구나 흔히 갖는 그 색바랜 통속이 사랑인 줄 알았어요. 그런데 그게 아니더라구요. 먹고, 자고, 사는 일상적인 것들은 내 주위에 있는 것들이지만, 사랑은 내 가슴 속에 있는 것이었어요. 아니, 우리 모두의 가슴 속에 각각……

4. 다음의 비문을 고쳐라.

① 나는 앞으로의 교육문제가 대학원교육에 역점 및 중점을 두면서도 기본적인 초등교육의 문제를 공존시켜야 한다.

② 우리 롯데 자이언트의 올 시즌 목표는 탈꼴찌에서 벗어나 중위권으로 뛰어올라가는 것입니다.

③ 우리 아들은 나이가 일곱 살인데도 칠칠하게 침을 흘리고 다닌다.

④ 중거리 슛을 심심치 않게 때리는 조민국 선수를 운동장에 가끔 볼 수 있었다.

⑤ 미국은 도대체 무슨 볼일이 많다고 뻔질나게 비행기삯 날리면서 드나드는 게냐?

⑥ 소년 소녀 가장들을 도와줌으로서 우리 사회의 어두운 구석은 조금이나마 밝아질 수 있다는 신념이 그를 사로잡고 있었다.

⑦ 너 같은 학생은 매사에 쉽게 처리해 가려는 경향이 있는데, 이는 젊은이로서 비겁한 행동이 아닐 수 없다.

⑧ 서울대, 성균관대 등 2개 대학생 1백여 명이 등록금 인상률을 인하하라고 시위를 벌였다.

⑨ 싱가포르 사회는 점점 약해지는 청소년 문제로 골치를 썩고 있습니다.

⑩ 어머님 저희들의 시달림 때문에 많이 늙으셨습니다.

⑪ 다재다능한 특기를 갖고 있으면서도 전연 비치지 않는 외면의 분위기는 엄하게 자란 가정교육 탓.

⑫ 이 문제의식은 한 작가의 주제의식의 깊이와 높이기와 넓히기를 가늠할 수 있기 때문에 작가의식으로, 이 작가의식은 또 역사의식일 수도 물론 산정할 수 있다.

⑬ 결혼하는 게 나이하고는 아무 장애가 되지 않는다고 생각해요.

⑭ 체코 대표팀은 우리 눈에 익어 있다.

⑮ 이 소설 이병주 선생님의 "지리산"을 선택의 최우선한 데에는 내가 평소 일제시대와 해방, 그 뒤를 이은 한국전쟁에 관해 알고 싶어한 점이 크게 작용하였다.

⑯ 나이에 어울리지 않게 초라한 모습으로 발전하는 역사 속에서도 방관자로 남아있던 환원의 얼이 이제, 시대적 요청과 하나님의 도우심으로 조그만 개울을 이루었습니다.

⑰ 이북에서 피난 나올 때만 하더라도 처가는 대가족이었다.

◇ 정답

① 나는 앞으로의 교육문제가 대학원교육에 역점 및 중점을 두면서도 기본적인 초등교육의 문제를 공존시켜야 한다고 <u>생각한다(고 주장한다.)</u>

② 우리 롯데 자이언트의 올 시즌 목표는 <u>꼴찌에서 벗어나</u> 중위권으로 뛰어 올라가는 것입니다.
우리 청보 핀토스의 올 시즌 목표는 <u>탈꼴찌를 해서</u> 중위권으로 뛰어 올라가는 것입니다.

③ 우리 아들은 나이가 일곱 살인데도 <u>칠칠치 못하게</u> 침을 흘리고 다닌다.

④ 중거리 슛을 심심치 않게 때리는 조민국 선수를 <u>운동장에서</u> 가끔 볼 수 있었다.

⑤ 미국에 도대체 무슨 볼일이 많다고 뻔질나게 비행기삯 날리면서 드나드는 게냐?

⑥ 소년 소녀 가장들을 도와줌으로써 우리 사회의 어두운 구석은 조금이나마 밝아질 수 있다는 신념이 그를 사로잡고 있었다.

⑦ 너 같은 학생은 매사를 쉽게 처리해 가려는 경향이 있는데, 이는 젊은이로서 비겁한 행동이 아닐 수 없다.

⑧ 서울대, 성균관대 등 8개 대학생 1백여 명이 등록금 인상률을 인하하라고 시위를 벌였다.   서울대, 성균관대 대학생 1백여 명이 등록금 인상률을 인하하라고 시위를 벌였다.

⑨ 싱가포르 사회는 청소년들이 점점 약해져가는 문제로 골치를 썩고 있습니다.

⑩ 어머님 저희들에게 시달리셔서 많이 늙으셨습니다.
    어머님 저희들로 인한 시달림 때문에 많이 늙으셨습니다.

⑪ 다재다능한 특기를 갖고 있으면서도 전연 이것이 겉으로 드러나지 않는 이유는 엄하게 자란 가정환경 탓.

⑫ 이 문제의식은 한 작가의 주제의식에 있어서의 깊이와 높이기와 넓히기를 가늠할 수 있기 때문에 작가의식으로, 이 작가의식은 또 역사의식으로 산정될 수 있다.

⑬ 결혼하는 게 나이하고는 <u>아무 상관이</u> 없다고 생각해요.

결혼하는 데 <u>나이는 아무 장애가</u> 되지 않는다고 생각해요.

⑭ 체코 대표팀은 우리 눈에 <u>익다.</u>

⑮ 이 소설 이병주 선생님의 "지리산"을 <u>최우선적으로 선택한</u> 데에
는 내가 평소 일제시대와 해방, 그 뒤를 이은 한국전쟁에 관해 알
고 싶었던 것이 크게 작용하였다.

⑯ 나이에 어울리지 않게 초라한 모습으로, 발전하는 역사 속에서도
방관자로 남아있던 환원의 얼이 이제, 시대적 요청과 <u>하느님의</u>
도우심으로 조그만 개울을 이루었습니다.

⑰ 이북에서 피난 나올 때만 하더라도 처가는 <u>대가였다.</u>

5. 다음 문장을 적절하게 다듬어라.

① 내 동생의 성격에서 도드라진 또 하나의 일면은 이기심이라 할 수 있다.

② 그 군인은 이제 갓 군에 입대한 이등병이어서 아무 것도 알 수가 없다, 말
년휴가에 대해서

③ 나는 위계질서있게 그들의 집단을 이루어나가는 그들을 생각하면서 자연의 신비에 한번 또 놀란다.

④ 이 소녀가장의 현재의 자기 처지에 최선을 다할 줄 아는 것 또한 칭찬받을 만하다.

◇ 정답

① 내 동생의 성격에서 또 하나의 도드라진 일면은 이기심이라 할 수 있다.

② 그 군인은 이제 군에 갓 입대한 이등병이어서 말년휴가에 대해서 아무것도 알 수가 없다.

③ 위계질서 있게 자신들의 집단을 이루어나가는 그들을 생각하면서 나는 자연의 신비에 또 한번 놀란다.

④ 이 소녀가장이 현재의 자기 처지에서 최선을 다할 줄 아는 것 또한 칭찬받을 만하다.

chapter 5

팁과 박스

팁과 박스

지식정보책을 쓰다 보면 본문에서 미처 다루지 못하는 다양한 정보를 독자들에게 소개해 주어야 할 필요가 있다. 즉, 내용 가운데 어린이들의 언어로 도저히 풀어쓸 수 없는 것들은 관련 정보를 따로 처리해야 한다는 뜻이다.

이럴 때 쓰는 것이 팁이나 박스이다. 시중에 나와 있는 지식정보책을 보면 팁이나 박스의 처리가 다양한 방식으로 이루어지고 있음을 알 수 있다. 가장 좋은 것은 그러한 정보책들을 보고 나만의 방식을 개발하는 것이다. 잘 만든 것은 보고 따라 하는 것도 나쁘지 않다.

모방은 제2의 창조라고 하지 않던가. 남의 것을 모방하다 보면 자기만의 독특한 방식과 무엇이 필요한지를 알 수 있게 된다. 기본적인 것은 알아 둘 필요가 있지만 자신만의 개성적인 것은 따로 만들어 쓰는 독창성이 필요하다.

1. 각 주

관련 정보의 처리에서 가장 기본이 되는 것은 역시 각주이다. 흔히 논문을 쓸 때에만 각주가 필요한 줄로 알지만 그렇지 않다. 지식정보책에서도 각주는 유용하기 때문이다. 그 기능은 논문의 각주와 흡사하다. 정해진 형식이 없다는 점만 다를 뿐이다.

이 각주의 위치를 어디에, 어떻게 다느냐에 따라 책의 품격이 살기도 하고 죽기도 한다. 전통적인 방식인 밑부분으로 빼는 것은 틀에 박힌 느낌을 준다. 그래서 요즘 유행하는 방식은 작게 공간을 확보해 본문의 적당한 위치에 삽입해 주는 것이다.

그것이 아니면 본문 내에서 괄호를 열고 설명해 주기도 한다. 바로바로 본문을 읽으며 내용을 이해할 수 있으니 편리하다는 장점이 있다.

각주의 방식은 여러 가지가 있고 정해진 바는 없다. 가장 좋은 것은 쉽게 풀어서 어린이들이 본문 읽는 흐름을 깨지 않으면서 이해할 수 있게 하는 것이다.

그러나 꼭 따로 뽑아 보아야 할 때에는 다양한 방식이 있을 수 있다. 후주라고 해서 한 챕터가 끝난 뒤 한곳에 모으는 것도 한 방법이다. 그러나 이 방법은 앞부분을 읽으면서 관련된 용어를 깜빡 잊어버려 읽지 않고 넘어갈 수 있다.

그래서 만든 나의 원칙은 가급적 그 페이지에 나온 지식과 정보는 그 페이지 안에서 소화하자는 것이다. 외국의 경우에는 이러한 방식이 굉장히 발달되어 있어서 박스를 보는 재미만도 흥미진진하다. 주로 가장자리에 몰아 놓고 각주의 내용을 소개하는데, 여기에 나온 사진이나 그림, 혹은 내용이 인문학적인 깊이를 담고 있어서 우리의 출판계에서도 이러한 성향을 따라가려고 애쓰고 있다. 책 한 권을 읽으면서 다양한 관련 지식을 얻는다면 그보다 좋은 일은 없기 때문이다.

박스의 경우도 마찬가지이다. 따로 박스를 뽑아 처리하는데 이곳에는 여러 가지 기능을 담을 수 있다. 아이들이 제대로 내용을 이해했는지 질문을 던지는 것도 가능하다. 여러 가지 창의성이 발휘될 수 있는 부분이다.

2. 인터뷰

역사에 나온 가공의 인물과 만나 인터뷰하는 방식이다. 궁금한 것을 질문하고 그 질문을 가상의 인물이 대답해 주는 것이다.

질문 : 호킹 박사님은 신이 있다고 믿으세요?

호킹 : 제가 지금까지 우주를 연구하고 물리학의 근원을 따져 본 결과 신이 있으리라는 증거를 어디에서도 발견하기 어려 웠습니다.

이것은 상당한 상상력이 필요한 부분인데 아이들은 이런 방식을 비교적 재미있게 읽는다. 기자가 되어서 주인공을 만나 이것저것 물어보는 식이 되기 때문이다.

여기에 적당한 삽화가 들어가 주면 더욱 생생하다. 궁금했던 문제점을 질문할 때 다소 비판적인 질문을 던지는 것도 괜찮다. 비판적인 질문에 대해서 가상의 주인공이 대답을 해 주는 방식으로 진행한다면 아이들이 주어진 정보를 무비판적으로 받아들이는 일은 없기 때문이다.

3. 만 화

만화의 형식도 아주 좋은 팁이 될 수 있다. 만화는 대부분의 아이들이 즐겨 읽고 좋아하는 것이기 때문이다.

물론 만화라는 형식에는 그림이 들어가기에 필자가 전부 다 관여할 수 없다는 한계가 있다. 하지만 너무 어렵게 생각할 것은 없다. 대강 무슨 내용이 들어갈지를 글로 적어 주기만 해도 충분하다. 아니면 가볍게 칸을 나누어서 말풍선을 그려 넣고 간단하게 칸마다 화면 설명을 해 주어도 좋다. 그렇게만 해도 출판사는 알아서 만화가에게 작업을 지시한다.

콘티라는 것은 생각보다 간단하다. 앞서도 말했지만 자신이 생각하고 있는 대로 칸을 나누어서 그 칸에 말풍선을 그려 넣은 뒤 주인공의 이름만 적어 넣으면 된다. 즉, 개똥이가 무슨 말을 했다는 것을 알게만 해 주면 나머지는 만화가의 몫이니 걱정할 필요가 없다.

만화가는 자신의 창의력으로 캐릭터를 개발하고 그 개발된 캐릭터에 생명을 부여한다. 그렇기에 자신이 어설프게 써서 보낸 콘티여도 나중에 책으로 나오는 것을 보면 놀랍게도 재미있는 만화가 되는 것을 볼 수 있다. 새로운 분야에 도전하는 재미가 있는 것이다.

4. 그림 및 사진 자료

어떤 때에는 그림과 사진 자료가 백 마디 말보다 나을 때가 있다. 어린이 책에서는 그림과 사진이 그 어떤 요소보다 중요하다. 글만 많은 책을 어린이들이 선호하지 않기 때문이다.

필자 자신이 직접 사진을 구할 수 있으면 좋지만 구하지 못할 경우에는 지정만 해 주어도 된다. 어떤 사진이며, 어디에 있다고만 해 주어도 출판사는 알아서 찾아내 구성한다.

과거에 사진이나 그림을 본 기억이 있으면 그 기억을 살려 어렴풋하게라도 일러 주면 편집자들은 수단과 방법을 가리지 않고 그 사진과 그림을 구해 낸다. 백 마디 말보다도 더 날카로운 것이 한 장의 그림이기 때문이다.

어린 시절 나는 북한산에 있던 진흥왕순수비가 침식이 심해 국립박물관으로 옮긴다는 뉴스를 본 기억이 있었다. 그런데 이 진흥왕순수비 사진을 편집자가 구하지 못해 쩔쩔매는 거였다. 그때 내가 박물관에 있을 거라고 말해 주니 정말 국립박물관에 잘 모셔져 있는 게 아닌가. 구하는 자 얻을 것이요, 두드리는 자 열릴 것이라는 말이 딱 맞는다.

좋은 그림이나 사진은 저작권이 다 있어서 대개 그림을 사용하면 사용료를 내야 한다. 갈수록 타인의 지적 재산을 무단으로 이용하기 어렵게 되어 있다. 그래도 문제는 없다. 정말 좋은 자료라면 돈을 지불하는 것이 당연하지 않은가. 그런 자료를 실음으로써 책의 내용이 살게 되고 품격이 올라가기 때문이다.

그렇기에 필자가 되려는 사람은 좋은 정보과 지식을 독자들에게 제공하기 위해 많은 것을 보고, 느끼며 알아야 한다. 작가의 길은 참으로 멀고도 험하다.

5. 로드맵

로드맵은 주어진 팁에 있는 정보를 일종의 지도의 형태로 그려 내는 것이다. 관련되는 자료와 항목들을 연관성이 있게 만들어 주면 일목요연한 로드맵을 보고 아이들이 정보를 쉽게 깨달을 수 있다. 조금 재미없고 딱딱할 수도 있지만 한눈에 전체를 파악한다는 장점이 있다.

호킹의 하루 로드맵 :

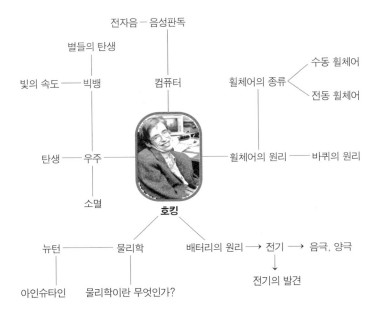

6. 퀴즈

가벼운 퀴즈를 던져 주는 것도 좋은 방식이다.

본문을 제대로 이해했는지 점검하는 뜻에서 쉬운 퀴즈를 낼 수도 있다. 물론 어려운 퀴즈를 내서 독자들의 지식욕과 승부 근성을 자극할 수도 있다. 책 본문보다 한 단계 더 발전된 내용을 물어보는 방법이다.

최초로 우주가 생성될 때 있었던 대폭발을 뭐라고 할까요?
① 빅벤 ② 빅뱅 ③ 빅 베어 ④ 빅토리아

퀴즈를 풀고 정답은 활자를 거꾸로 해서 밑에다가 조그맣게 달아 준다거나 책 뒤로 모는 방법도 있다.

아이들은 퀴즈를 좋아한다. 흥미진진한 퀴즈를 통해서 아이들이 본문 내용을 좀 더 잘 이해할 수 있다면 적극 활용하는 것도 좋다.

7. 체험하기

제7차 교육과정이 통과된 뒤로 교육현장에서는 아이들의 실제 체험 하는 것을 중시한다. 본문에 있는 정보와 지식을 아이들이 체험할 수 있는 방법을 궁리해서 제안하는 것도 좋다.

환경에 대한 소중함을 가르칠 때에는 본문 안에서 환경의 중요함을 알려 준 뒤 팁에서 재생비누 만드는 방법을 가르쳐 주는 것도 좋다. 재생비누 만드는 법을 일목요연하게 그림으로 보여 주면 아이들이 그것을 따라서 응용해 볼 수 있기 때문이다.

호킹 박사의 경우라면 바퀴의 고마움을 알게 하는 체험 하기를 시키면 된다. 아래의 보기를 참고하기 바란다.

〈호킹 박사 따라 하기〉
호킹 박사의 전동 휠체어는 바퀴가 달린 것입니다.
인류의 역사상 바퀴의 발명은 놀라운 일이었습니다. 바퀴가 생김으로써 인간은 무거운 물건을 빠르고 쉽게 원하는 곳으로 옮길 수 있게 된 것입니다.

1. 벽돌 한 장에 용수철저울을 달아 당겨 봅시다. 그리고 얼마만큼의
   힘이 필요했는지 살펴보세요.

2. 벽돌 밑에 물을 뿌린 뒤 같은 실험을 해 보세요.

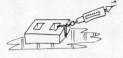

3. 벽돌 밑에 둥근 연필을 여러 개 깔고 당겨 보세요.

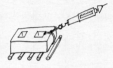

4. 벽돌을 바퀴 달린 상자에 넣고 당겨 보세요.

　바퀴가 달려 있기에 호킹 박사의 휠체어는 각종 장비를 부착해 무
게가 200kg이나 나가지만 작은 배터리의 힘만으로도 아무 문제없이
움직이는 것입니다.

　무엇인가를 해 본다는 것은 독자들에게 큰 흥미를 유발한다는
사실을 잊지 말고 기억해서 가급적 그런 팁을 많이 첨부해 주는 것
이 중요하다.

8. 나라면 어떻게 할까?

주어진 본문의 내용은 사실 남의 이야기이거나 독자인 어린이들 입장과는 거리가 있다. 우리가 학창 시절 학교에서 배우고 익힌 수많은 지식들이 지금은 거의 잊혀져 기억나지 않는 이유도 바로 그 지식들이 나의 것으로 육화되지 않은 지식이기 때문이다.

책을 읽는 것도 마찬가지다. 재미로 읽긴 하지만 그 모든 지식이 아이들의 것이 되리라고 기대하는 것은 어른들만의 욕심일 수 있다.

그럴 때 '나라면 어떻게 할 것인가' 라는 의문을 주면서 아이들에게 적극적인 동참을 요구하는 것도 괜찮다. 그러면 자신의 입장을 정리하고 그 문제를 진지하게 받아들일 수 있기 때문이다.

〈보기〉

스티븐 호킹은 젊디 젊은 스물한 살의 나이에 온몸의 근육이 마비되는 루게릭 병에 걸렸습니다. 의사는 그에게 이렇게 말했습니다.

"호킹 씨, 당신은 오래 살지 못할 것입니다."

대부분의 젊은 사람이라면 좌절해서 아무렇게나 살았을 것입니다. 호킹도 크게 다르지 않았습니다. 술로 밤을 지새며 자신의 신세를 한탄했으니까요.

그렇지만 곧 정신을 차렸습니다. 이대로 인생을 마칠 수는 없다는 생각을 한 것입니다. 언제 죽을지 모르지만 죽는 날까지 공부를 해야겠다는 심정에서 호킹은 대학원 박사과정에 등록을 했습니다.

나라면 어땠을까?

우리는 발가락에 가시 하나만 박혀도 아프다고 길길이 뜁니다. 뿐만 아니라 하던 일이 잘 안 되거나 시간이 부족하면 쉽게 포기하고

맙니다.

내가 만일 호킹이었다면 어땠을까요? 박사과정은 몇 년씩이나 공부 시간이 필요한데다가 몸도 불편한데 과연 할 수 있을까요? 생각해봅시다.

9. 워크북

하나의 챕터가 끝나면 그 챕터에서 느낀 점이나 확인할 것들을 실습해 보게 만드는 것이 워크북이다. 한마디로 말하자면 연습을 하는 것이다.

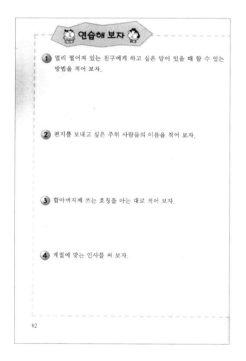

요즘에는 책에 얼마든지 밑줄을 치고 직접 뭔가를 기록하는 분위기가 대세다. 책은 함께 가지고 노는 장난감이기도 하고, 실습용 노트이기도 한 것이다.

워크북에서는 다양한 형태로 사고를 확장시키고 배워 익힌 지식을 육화했는지 확인할 수 있다. 본문을 제대로 이해했는지 확인하기 위해 포인트를 직접 책에 쓰게 하거나 독후감을 쓰도록 한다. 다양한 형태의 워크북을 첨부해 주면 글쓰기 훈련도 될 수 있고, 자신의 생각을 그곳에 적거나 기록하도록 할 수도 있다.

지식정보책에서 팁의 형태는 이렇게 무궁무진하다.

어떤 팁을 어떻게 다느냐는 편집자와 집필자의 조화에 의해서 이루어지는 것이다. 고정관념을 깨고 독특한 팁과 박스를 만들어 준다면 그 책은 훌륭한 지식정보책이 될 수 있다.

10. 삽 화

아동 도서의 기본은 그림이다. 얼마나 좋은 그림이 들어가느냐에 따라 그 책의 가치가 결정된다. 요즘의 추세는 삽화가도 책의 인세를 공유하는 것이니 공동 창작자로서의 책임을 분담하는 셈이다. 인세를 받는 책의 경우, 더욱 정성이 들어간다는 얘기를 삽화가들에게서 들은 적이 있다. 그렇기에 그림의 중요성은 아무리 강조해도 지나치지 않다.

『괜찮아』라는 책은 그림을 그리는 데 2년이나 걸렸다. 원고는 35매 정도에 불과한데 그토록 오래 그림 그리는 것을 보고 필자인 나도 질리지 않을 수 없었다. 나중에 그 본문을 보니 왜 그리 오래 걸

렸는지 이해할 수 있었다. 배경의 작은 부분까지 다 묘사를 했기 때
문이었다. 그림을 보면 누구나 고개를 끄덕일 것이다. 산동네의 모
든 집들을 하나하나 그려 넣은 그 정성에 입이 딱 벌어진다. 작고하
신 권정생 선생께서 그 그림을 보고 최호철 화백은 '달동네의 하느
님'이라고까지 칭찬을 하셨다. 달동네의 모든 것을 알고 있다는 뜻
이리라.

그래서 본문 내용과 삽화의 일치는 참으로 중요하다. 출판사에 원고를 넘기고 조판이 완성되면 삽화가가 그림을 그리게 된다. 이때 필자는 가급적 삽화가를 만나보는 것이 좋다. 상호 의사소통을 해야 하는 것이다.

나의 경우에는 장애에 관한 작품을 많이 쓰는데 소재가 아무래도 특화된 것이어서 비장애인인 화가의 이해가 떨어진다. 그렇기에 나는 화가를 만나면 장애는 어떤 것이며, 어떤 생각을 가지고 이런 책을 썼는지를 소상히 설명한다. 삽화가와의 교감이 잘되면 잘될수록 좋은 책이 되기 때문이다.

요즘 젊은 삽화가들은 작가와의 그런 대화를 즐기고 기꺼이 만나서 의견 교환하기를 원한다. 그런 의견의 교환을 통해서 좋은 작품이 만들어지기 때문이다.

지식정보책의 경우에는 창작 동화와 또 다르다. 다시 말해 독자들에게 올바른 정보를 전달해야 한다는 사명이 있는 것이다. 사물의 실사(實寫), 즉 있는 그대로를 정확하게 그릴 수 있는 삽화가를 만나는 것이 중요하다. 잘못된 삽화가를 만나 잘못된 그림을 그린다면 그 책은 안 만드느니만 못하기 때문이다.

나의 경우에는 그림에 조금 취미가 있어서 말로 설명하기 어려운 부분은 직접 스케치해 삽화가에게 전달해 주기도 한다. 그러면

삽화가가 이해하는 데 시간이 훨씬 절약되기 때문이다.

창작 동화도 때에 따라 그렇지만 지식정보책이라면 도감에 올라가도 될 정도의 정확한 그림이 필요하다. 휠체어 그림을 그릴 때도 보면 바퀴 두 개만 크게 그리는 사람도 있다. 그런데 바퀴 두 개만 가지고 굴러가는 휠체어는 없다. 작지만 앞에 바퀴 두개가 더 달려 있어 네 개가 굴러가는 것이 원칙이기 때문이다.

이처럼 필자가 글만 쓴다고 원고가 끝나는 것은 아니다. 자신의 글에 대한 내용이 그림으로 얼마나 잘 표현되었는지 세세하게 관찰하고 꼼꼼하게 살펴야 한다.

스케치가 왔을 경우에는 원고의 내용에 부합하는지를 꼼꼼히 봐야 한다. 대개의 그림 작가들은 스케치를 그려 와서 출판사와 의견을 나눈 뒤 채색을 한다. 그림 그리는 과정에서도 착오가 있지 않도록 필자가 의견을 내는 것이 중요하다. 그래야 나중에 완성된 뒤에 고치는 수고가 줄기 때문이다. 정확한 고증이 필요하다면 사진을 찍거나 동영상을 제공해서 올바른 그림이 나올 수 있도록 노력해야 한다.

정확한 그림과 기본적인 지식 정보가 제대로만 전달된다면 그 밖의 부분은 자유로울 수 있다. 즉, 삽화가 개인의 능력에 따라 그림 내에서 애드리브가 가능한 것이다. 나는 작가들에게 많은 애드리브를 주문한다. 그림 내에서의 애드리브란 예를 들면 이런 것이다.

한 마을에서 벌어지는 사건들을 묘사할 때 주인공들의 모습이 당연히 그림에 나타나지만 나머지 여백의 처리는 전적으로 삽화가의 몫이라는 뜻이다. 그 여백에서 나타나는 풀, 꽃, 나무 등의 소품과 배경들은 모두 그림 작가의 영역이다.

　내가 쓴 『괜찮아』라는 책의 삽화를 보면 참새와 그 참새를 노리는 고양이가 나온다. 고양이는 항상 지붕 위로 다니며 지붕 위에 앉아 있는 참새를 잡으려고 애쓴다. 애초에 나는 책 속에 이런 조연들이 숨어 있는 줄 몰랐는데 막내딸이 마지막 쪽에서 참새들이 앉아있는 것을 보고 "다행히 고양이가 참새를 잡아먹지 않았네"라며 안도의 한숨을 쉬었다. 그것을 보면서 삽화가 책을 읽는 아이들에게 다양한 해석을 가능하게 한다는 것을 알았다.

　딱딱한 지식정보책이라지만 삽화가에게 재량을 주면, 이런 식으로 등장하는 인물이나 조연, 혹은 무대배경에서 얼마든지 재미있게 웃음을 선사할 수 있다. 삽화가들에게 자유를 주고 그들이 창작열을 발휘할 수 있도록 고무하고 격려하는 것이 필자가 할 일이다.

그리고 본문뿐만 아니라 팁에도 그림이 들어간다. 팁에 들어가는 그림도 역시 정확해야 하지만 꼭 실사가 아니어도 된다. 구성 원리를 보여 주거나, 그 팁의 내용을 제대로 전달할 수만 있다면 다양한 화풍의 그림으로 그려도 좋다.

물론 사진이나 그림도 적절히 본문과 조화를 이루어야 한다. 삽화가의 그림은 아이들이 가장 먼저 보는 것이다. 기본적인 원칙은 본문을 읽지 않고 한번 쭉 훑어보아도 그 책이 어떤 내용이고, 어떤 정보를 담고 있는지를 전달할 수 있으면 가장 좋다.

책을 살 때 대부분의 독자들은 그림을 훑어보고 사게 된다. 이때 그림이 매력적이지 않다면 글을 아무리 잘 썼어도 독자들의 관심을 끌기는 어렵다. 아동문학이나 아동 출판에서 삽화가의 비중이 왜 커지는지를 느낄 수 있는 대목이라 하겠다.

우리나라의 몇몇 유명한 삽화가들은 이제 대가의 반열에 올라서 스스로 그림책을 그리기도 하고 쓰기도 한다. 좋은 현상이다. 가장 좋은 것은 책 한 권을 필자가 그리고 쓰는 것이기 때문이다. 그렇게 된다면 원했던 이미지와 원했던 분위기가 한 치의 왜곡이나 변용 없이 고스란히 독자에게로 옮겨 갈 수 있다. 지식정보책의 좋은 그림은 항상 아이들에게 깊은 감명을 줄 수 있다는 사실을 명심해야 한다.

■ **지식 정보에 좋은 책들**

• 『외계인을 만났을 때 선물하는 책』(동경잡학연구소, 웅진윙스)
• 『현대시사용어사전』(동아일보사편집부, 동아일보사)
• 이 밖에 각종 시사 상식 책

1. 그림과 글이 잘 조화된 책을 골라 연구해 보자.

2. 그림과 글이 어울리지 않는 책을 살펴보자.

3. 새로운 팁이나 박스의 아이디어를 생각해 보자.

chapter 6

교정·교열에서 발간까지

chapter 6
교정 · 교열에서 발간까지

1. 교정 · 교열

원고를 쓰게 되면 다양한 형태의 교정 · 교열이 이루어지게 된다. 일단 가장 먼저 해야 할 교정은 본인이 원고를 완성하기 전까지 보는 교정이다. 한글맞춤법과 띄어쓰기에 맞아야 하는 것이 물론이다.

요즘 컴퓨터는 워드프로세서 프로그램이 좋아서 웬만한 오타나 띄어쓰기는 다 잡아 준다. 하지만 그것은 어디까지나 기계적인 것이기 때문에 전문용어나 방언, 독특한 표현 같은 것까지 틀렸다고 잡아낸다.

결국 이 모든 책임은 필자에게 있기에 필자는 문장의 교정과 교열에 무척 신경 써야 한다. 교정은 물론 맞춤법, 띄어쓰기 등을 제대로 지키려면 사전을 늘 끼고 있으면서 잘 모르겠다거나 헷갈리는 부분들은 항상 찾아보는 훈련을 해야 한다. 지식 정보를 전달한다면서 문장에 잘못된 표현이 있거나 오타가 나서는 곤란하다.

이러한 교정 · 교열은 흔히 출판사가 해주는 것으로 알고 있는 작가가 많은데 출판사는 교정 · 교열의 편의를 제공할 뿐이다. 필자가 스스로 완벽한 원고를 전달하려고 노력해야 한다. 비록 교정·교열에 자신이 없다 하더라도 최선을 다하고 난 뒤 출판사에게 도움을 요청해야 한다.

어린이 책을 내는 사람이면서 올바른 문장이나 맞춤법을 지켜 쓰지 못하는 것은 부끄러운 일이라는 생각을 해야 한다. 교과서와 마찬가지의 역할을 해야 하기 때문이다. 조금만 수고하고 노력하면 맞춤법이나 띄어쓰기는 얼마든지 정확하게 지킬 수 있다.

나의 경우에는 국어국문학을 전공하기도 했지만, 어린 시절 책을 많이 읽은 것이 교정·교열에 큰 도움이 된다. 습관적으로 쓰는 표현이나 문장이 사전을 찾아보면 맞는 경우가 있다. 그것은 어려서부터 읽은 책들과 써 온 표현들이 자연스럽게 몸에 배어 있기 때문이다. 이유를 설명하라고 하면 왜 맞는지 틀리는지를 이야기하기 곤란한 경우도 있다.

하지만 본능적, 습관적으로 알게 되는 것은 중요하다. 그래도 부정확한 때는 나 역시도 사전을 찾고 뒤진다. 항상 옆구리에 사전을 끼고 있는 것이 작가의 기본이라는 점을 잊지 않았으면 좋겠다.

교열이란 무엇인가. 그것은 문장의 논리성과 진실성을 따지는 것이다. 예를 들어 다음의 문장을 보자.

많은 매스컴들이 김사랑 씨의 스캔들을 크게 보도했다.

얼핏 보면 문법적으로 맞는 것 같다. 하지만 이 문장이 틀렸다는 것을 알고 바로잡으려면 '매스컴'이라는 단어의 뜻을 정확히 알고 있어야 한다.

매스컴은 매스커뮤니케이션의 준말이다. 즉 신문, 방송, 잡지,

텔레비전, 라디오 등을 모두 일컬어서 매스컴이라고 한다. 하나의 추상명사인 셈이다. 모든 것을 합쳐 놓은 개념의 단어이기 때문에 여기에는 '들'이라는 복수 접미사를 붙일 수 없다. 이는 마치 우주들이라고 말하기 어려운 것과 마찬가지다. 하나의 개념체를 복수로 말했기 때문에 이 문장은 틀렸다. 고친다면 다음과 같이 된다.

많은 신문이 김사랑 씨의 스캔들을 크게 보도했다.
매스컴이 김사랑 씨의 스캔들을 크게 보도했다.

이런 식으로 글의 내용에 대한 지식, 정보를 가지고 문장의 오류를 잡아내는 것이 교열이다.

전에 아는 시인 한 사람이 자신의 시에 '잔설에 다리가 푹푹 빠진다'는 표현을 썼다. 이 문장은 어디가 틀렸는가? 잔설(殘雪)은 눈이 쌓인 뒤에 녹아서 군데군데 남은 것을 말한다. 당연히 많은 양의 눈이 있을 리 없다. 그런 잔설에 어떻게 발목이 빠지겠는가. 이야말로 논리적 오류이다.

이처럼 우리는 글을 쓰면서 말은 되지만 논리적으로 맞지 않는 실수들을 자주 범한다. 이러한 것들을 바로잡는 작업을 교열이라고 한다.

교열을 보려면 그만큼의 교양과 지식을 가지고 있어야 한다. 자신이 쓴 원고도 날카로운 눈으로 교정·교열을 봐야 좋은 원고가 된다. 교정·교열에 지름길은 없다. 보고, 보고, 또 보는 수밖에……. 그리고 자신의 문장을 하나하나 깊이 있게 새겨보며 읽어내는 수밖에 없다. 그렇게 해서 원고를 보내도 출판사에서 교정·교열을 다시 보게 된다.

2. 피드백

출판사의 편집자들은 원고를 꼼꼼히 살피며 독자의 입장에서 보게 된다. 원고의 수정 의뢰를 필자에게 다시 하기 마련이다.

한때는 권위 있는 필자라면서 자신이 쓴 원고를 토씨 하나 고치지 못한다고 큰소리치던 사람도 있었다. 그러나 아무리 관록과 식견이 있는 필자라 하더라도 집필은 사람이 하는 일인지라 원고가 완벽할 수는 없다. 조금이라도 많은 편집자들이 힘을 합쳐서 손을 볼 때 원고는 더 좋아지고 훌륭해진다. 여기에서 예외는 거의 없다.

나의 경우에도 원고를 보내면 출판사 측에서 의견을 첨부해 돌려보내면 되도록 고쳐 주려고 노력한다. 여기에는 나의 소중한 경험이 있기 때문이다.

지금은 절판되었지만 『절름발이 소년과 악동 삼총사』라는 책이 있었다. 내가 최초로 쓴 동화책인데 처음에 원고를 써서 보냈는데 출판사 측에서 원고의 분량이 많으니 두 권으로 나누자는 것이었다. 그러자면 1권에서 작은 사건이 살짝 마무리되면서 2권에서는 새로운 기분으로 새 사건이 전개되어야 한다고 했다. 나는 그 말을 듣고 생으로 원고를 쪼개서 다시 썼다. 끙끙대며 고친 뒤 출판사에 원고를 보냈는데 한참 뒤에 다시 연락이 왔는데 1, 2권으로 내서 1권만 팔리고 2권이 안 팔리는 수가 있다며 다시 합쳐 달라는 거다. 애써 갈라놓은 원고를 다시 끙끙대며 합쳤다. 이렇게 출판사가 원하는 대로 해 주다 보니 시간도 많이 흘렀다.

결국 표지 디자인으로 또 한 바탕 진통을 겪은 뒤 책이 출간되었고, 그 덕인지 좋은 평가를 받았다. 지금은 『대현동 산 1번지 아이들』라는 이름으로 재출간되었는데 초기의 이러한 경험은 지금까지도 큰 약이 되었다. 필자는 출판사가 원하는 대로 원고를 고쳐 주어야 할 의무와 책임이 있다는 내 생각의 바탕이 되었기 때문이다.

가끔 후배들이나 제자들을 출판사에 연결해 주면 전화가 온다. 애써서 쓴 원고를 출판사가 이렇게 저렇게 고치라는데 짜증이 난다는 거다. 물론 이해는 된다. 심혈을 기울여 쓴 원고인데 다시 수정하라고 하면 쉽지 않기 때문이다. 원고 수정은 원고를 다시 쓰는 것보다 어려울 때도 있다. 한 부분을 들어내거나 바로잡으면 나머지 부분에도 영향이 미치기 때문에 그렇다.

그러나 프로 작가라면 원고를 능수능란하게 고쳐줄 수 있어야 한다. 아니 능수능란까지는 아니어도 출판사가 원하는 수준의 책을 만들기 위해 심혈을 기울일 필요는 있다. 그러다 보면 책을 보는 안목도 늘고 편집자의 시각도 읽게 된다. 두세 번, 이런 일이 반복되면 편집자와 교감이 이루어져 나중에는 쉽게 원고가 통과되기도 한다.

첫술에 배부를 수는 없는 법이다. 교정·교열을 철저히 하며 출판사의 피드백을 완전히 맞추어 주는 것, 그것이 필자의 길이다. 그렇기에 창작의 길은 어렵다고들 하는 것이다.

나 같은 경우에는 원고를 써서 출판사에 보내면 편집자의 원고 교열로 빨갛게 되어 돌아오기를 바란다. 편집자들이 머리를 맞대어 의견을 내서 이렇게 고쳐라, 저렇게 고쳐라 하는 것은 그들이 전문가이기 때문이다. 전문가의 말을 듣고 책을 수정해서 나빠질 리가 없기 때문이다.

그리고 생각해 보라. 책은 결국 필자인 나의 이름으로 나간다. 책이 성공하면 모든 영광은 나의 것이다. 그 영광 뒤에 묻혀 이름 없이 아이디어를 주고 읽어 준 편집자들의 의견을 왜 무시하는가. 편집자는 하늘이다. 이러한 생각으로 나는 책을 쓴다.

가끔 처음 만나는 편집자는 그런 나의 열린 마음을 보고 깜짝 놀란다. 내가 권위적으로 나올 줄 알았다고 하는데 천만의 말씀이다. 나의 부족한 아이디어를 보강해 주는 편집자들을 늘 고맙게 생각해야 한다.

미국 최고의 대중작가인 스티븐 킹조차도 이렇게 이야기했다.

"창작은 인간의 영역이지만 편집은 신의 영역이다."

모 출판사에서 만 권도 못 팔았던 책이 다른 출판사로 옮겨 가서 새 편집자의 손을 거쳐 수백만 권을 판 경우도 많이 있다.

이건 모두 다 편집자의 능력이다. 편집자와 긴밀하게 교류하고 그의 아이디어를 적극적으로 반영하는 자세가 있다면 당신은 성공한 지식정보책의 필자가 될 가능성이 크다.

3. 오케이(O.K.) 교정

이렇게 해서 그림과 글이 통과되면 얼마 뒤 최종 교정지가 다시 날아온다. 흔히 '오케이(O.K.) 교정'이라고 한다. 삽화가가 그림까지 그려 자리를 잡았으니 책의 형태가 완성된 것이다.

오케이 교정을 볼 때에는 자신이 애초에 생각했던 기획 의도대로 책이 잘 편집되었는지를 살피는 것이 중요하다. 원하는 팁과 정보들이 자기의 페이지에 자리를 잡고 들어앉아 있는지를 확인해야 한다.

뿐만 아니라 이때 마지막으로 본문의 교정·교열도 한 번 더 이루어진다. 삽화에 대한 색감, 구도, 정확성도 종합적으로 파악해야 한다. 출판사에서도 편집했지만 필자가 볼 때 또 다른 부분도 있다. 간혹 편집할 때 본문이 줄어들거나 늘어날 경우가 있다. 그럴 경우 그 본문 지면의 한도 안에서 몇 줄을 더 써 달라거나 몇 줄을 삭제해 달라고 이야기한다.

출판을 할 때는 대수를 맞춘다고 해서 전지를 접었을 때 4의 배수로 페이지 수가 결정된다. 아무 책이나 집어서 페이지 수를 살펴보면 4의 배수인 걸 알 수 있을 것이다. 한마디로 제한된 지면에 원고를 맞추는 것이다.

그렇기에 공간에 맞추어서 본문을 보기 좋게 늘려 주거나 줄여 주는 일도 필자의 일이다. 내용에 훼손이 없게 하면서 적당히 분량을 맞추어주는 센스가 필요하다. 그 일을 할 수 있는 사람은 원고를 쓴 필자 자신밖에 없다. 이렇게 최종적으로 오케이를 하게 되면 이 원고는 출판사로 돌려보낸다.

가끔 급하게 오케이를 해 달라고 할 때가 있다. 그럴 때는 퀵서

비스를 이용하면 편리하다. 교정을 보자마자 오토바이를 통해 보내면 한 두 시간 내로 가기 때문이다. 나의 경우에는 오케이 나서 곧 인쇄에 들어갈 책에 한두 개 오자나 탈자가 보였던 경우도 있다. 그럴 때에는 전화를 걸어 구두로 수정을 하기도 하고, 늘 가지고 다니는 디지털카메라로 원하는 페이지의 교정 본 것을 찍어 이메일로 전송하기도 한다. 이 모든 것은 현대 문명의 이기를 최대한 사용해서 할 수 있는 편리함이기도 하다.

그리고 끝으로 고민해야 될 부분은 책의 제목이다. 책의 제목은 내용을 압축적으로 보여 줄 수 있는 멋진 것으로 지어야 한다. 시중에 나와 있는 책들을 보면 좋은 제목들이 참 많다. 제목이 좋기 때문에 독자들의 사랑을 받는 책도 있다.

가끔은 좋은 제목을 뽑지 못해 출판사와 필자가 골머리를 앓는 경우도 있다. 이럴 때는 잠시 머리를 식히고 엉뚱한 책들의 제목이나 엉뚱한 신문 기사 같은 것을 갖다 붙여 보면 의외로 좋은 결과가 나오기도 한다. 나의 경우에는 서가의 수천 권의 책제목을 바꾸어서 불러본다. 내 책의 내용을 억지로 갖다가 붙여 보면 좋은 제목이 나오는 수가 종종 있기 때문이다.

4. 발 간

이렇게 모든 것을 마무리하면 드디어 기다리던 책이 나올 것이다. 잉크 냄새도 가시지 않은 첫 책이 나오는 그 설렘과 기쁨은 이루 말할 수 없다.

나 역시 그랬다. 처음 나온 책이 『글힘돋움』이었는데 그 책은 대

학교에서 강의하던 내가 학생들의 작문 실력을 높이기 위해서 자료를 모아 만든 것이다. 기존의 책들과 다르게 틀린 문장을 제시하고 독자들에게 고쳐 보라고 한 뒤 맞는 문장을 제시하는 방식이었다. 지금 생각하면 치기 어린 구성 방식이었지만 그 당시에는 유효해서 상당한 인기를 얻었다. 스물아홉 살 때에 쓴 책이었으니 지금 생각해도 얼굴이 붉어진다.

그때 나는 책이 발간되자 받아야 할 잔여 인세를 책으로 받았다. 첫 작품이기에 주변에 많이 나누어 주고 싶었기 때문이다. 이 책을 읽는 여러분도 첫 책이 나온다면 이런 방식을 써 보는 것도 좋다. 어차피 책을 앞으로 계속 쓸 거라면 첫 책을 세상에 널리 알리는 것이 중요하기 때문이다.

나의 경우에는 강연을 많이 다니는데 강연을 가는 곳은 주로 도서관이나 학교, 책 읽는 모임들이다. 그곳을 가면 담당자나 책임자의 명함과 연락처를 꼭 받아서 나의 신간 발송 리스트에 넣는다. 그 리스트에는 나와 만났거나 나를 알고 있는 사람들이 다 들어 있다. 책이 나오면 이 분들에게 꼭 책을 한 권씩 보낸다.

도서관은 이제 많이 늘어났을 뿐 아니라 각 도서관마다 몇 권씩 책을 사 준다. 수천 곳의 도서관에서 책을 한두 권 씩만 사 주어도 당신의 책은 첫쇄가 소진될 수 있다. 첫 쇄가 소진된다는 뜻은 출판사에서 적자를 보지 않았다는 이야기고, 재쇄부터는 이익을 볼 수 있다는 의미이다.

과거의 필자들은 무게를 잡으며 가만히 앉아 있는 것이 대부분이었지만 요즘은 그렇지 않다. 요즘이 어떤 시대인가. 마케팅의 시대 아닌가. 필자야말로 최고의 마케터가 되어야 한다.

나는 강연을 다닐 때 나를 소개하는 브로슈어까지 만들어 사인을 해서 나누어 준다. 그런 브로슈어를 보면 아이들은 기뻐하며 오래도록 보관한다. 그 안에는 나의 책에 대한 소개와 정보가 있어서 기념품이 될 만하다. 물론 그간 발간한 도서 목록도 들어 있다. 그것을 보면 아이들은 책에 대한 궁금함과 호기심을 풀면서 내 책에 관심을 기울일 수 있게 된다.

새 책이 나오면 열심히 사인해서 주변에 나누어 줘야 한다. 그것이 바로 홍보이고 주변 사람들의 입소문을 통해 책이 알려지는 것이다.

또한 출판사는 새 책이 나오면 가끔 신문이나 방송 언론에 보도 자료와 함께 책을 보낸다. 보도 자료는 책을 소개하는 내용으로 꾸며져 있다. 거의 기사처럼 만들어 놓은 자료라서 기자들은 이 보도 자료를 보면 일목요연하게 기사를 쓸 수 있다.

보도 자료를 만드는 과정까지도 필자가 관여하는 것이 좋다. 자신의 의도가 제대로 반영되었는지 기획 포인트가 잘 살게 꾸며졌는지를 알아야 하기 때문이다. 이러한 보도 자료와 함께 전국에 있는 신문, 방송 등의 매체에 책이 발송되면 독자의 반응을 기다리는 일만 남는다.

간혹 신문, 방송 측에서 독특한 책일 경우에는 인터뷰 요청이 오거나 책 소개가 된다. 만일 인터뷰 요청이 올 때에는 적극적으로 응해야 한다. 책은 나의 자식이나 마찬가지이다. 그러한 자식이 세상에 나아갔는데 어느 부모가 후원하지 않겠는가. 적극적으로 기자들을 만나며 그들의 인터뷰에 응해야 한다. 나의 경우에는 새 책이 나오면 신문사에 보내는 일을 따로하는 업체가 있는데 며칠의 시간조차도 참지 못하고 내가 직접 다닌 적도 있다. 출판사에서 나온 책을 받아다가 각 언론사마다 다니며 신문기자들에게 전달해 준 것이다.

당신이 적극적인 필자라면 이런 방식을 권하고 싶다. 신문사를 찾아가 문화부의 출판 담당 기자를 물어보면 누구나 쉽게 대답을 해 준다. 그 기자를 만나서 책에 사인을 하고 전달하면서 기회가 닿으면 소개해 달라고 부탁하면 신문이나 매체에 소개될 가능성이 매우 크다. 필자가 직접 책을 들고 신문사까지 찾아오는 경우는 많지 않기 때문이다.

나의 경우에는 아내가 그 일을 많이 해 주었다. 차를 몰고 신문사 앞에 가서 기다리면 아내가 직접 책을 들고 신문기자들을 찾아가 인사하고 전달해 주곤 했다. 그래서인지 내 책들은 내자마자 화제가 되는 경우가 많았고, 언론에 소개가 잘 되었다. 이 책을 읽는 예비 작가인 독자들도 꼭 한번 시행해 보기 바란다.

또한 사서들에게 책을 보내는 것도 요긴하다. 사서들이야말로 책을 가장 먼저 읽고 어린이들에게 권해 주어야 하는 사람들이다. 그들의 마음에 드는 책을 만든다면 그 책은 기본적인 판매가 된다고 볼 수 있다.

책이 발간되면 도서관이나 서점에 가서 자신의 책을 유심히·살펴보아야 한다. 나 역시 첫 책이 나왔을 때 대형 서점에 내 책이 있는 것을 보면 감개가 무량했다. 숨어서 자기 책이 얼마나 팔리나 지켜보는 필자도 있다고 한다.

아니면 도서관에 나가 신간 도서 구매 신청을 하거나 필자가 서점에서 한두 권 사는 것도 좋다. 자기의 책을 자기가 사는 기분도 썩 괜찮기 때문이다. 누군가를 만날 때면 약속 장소를 서점으로 정하고 책을 사서 직접 사인해 주는 것도 멋진 경험이 될 것이다. 그렇게 하면 책도 한 권씩 두 권씩 팔릴 뿐 아니라 상대방에게도 좋은 인상을 줄 수 있기 때문이다.

내가 책을 쓸 때도 감동적인 부분에서는 나 스스로 먼저 눈물을 흘린다. 울컥하는 심정이 되기 때문이다. 내가 감동되지 않으면서 어떻게 남을 감동시키겠는가.

그렇듯이 내 책을 내가 적극적으로 돈 주고 살 줄 알아야 한다. 내 돈을 쓰기 아까우면서 독자들에게 책을 사라면 어불성설이 아닌가.

강연에 가면 내가 얻거나 산 책들을 어린이들에게 선물로 한두 권씩 나눠준다. 책을 받고 좋아하는 아이들의 그 천진난만한 모습은 돈으로도 살 수 없는 것이기 때문이다.

필자는 이처럼 자신이 쓴 책에 대해서 자부심과 긍지를 가지며 적극적으로 판매에 나서야 한다. 책을 쓰는 행위 자체가 이미 팔겠다는 뜻이다. 그러면서 쑥스러워하거나 부끄러워할 필요가 없다.

한미 FTA가 국회에서 통과되면 저작권 유효기간은 사후 70년이 된다. 생각해 보라. 당신이 쓴 훌륭한 지식정보책이 당신이 살아 있는 동안에 꾸준히 팔려서 인세를 받게 해 주고, 죽은 뒤 70년 동안이나 당신의 후손들이 저작권료를 받는다는 사실을.

어디 그뿐인가. 잘 쓴 책은 중국이나 동남아 시장에 판매도 될 수 있다. 그러면 해외에서도 책들을 팔아서 로열티를 받을 수 있다. 비록 아직은 해외시장의 로열티 수준이 미미하다 하더라도 전 세계를 상대로 책을 쓰는 필자의 꿈은 멀지 않다.

나의 경우에는 10여 권의 책들이 해외에 번역, 소개되었다. 죽을 때까지 전세계 50여 개국 이상에서 내 책을 번역, 판매하는 것이 꿈이다. 꿈은 갖는 자가 이루게 되어 있다. 적극적인 자세로 책을 내고 그 책을 널리 알리려 노력하다 보면 새로운 아이디어와 새로운 구상이 떠오를 것이다. 그 아이디어와 구상을 놓치지 말고 잡아서 다음 책에 투자하면 당신은 이어지는 노력 속에서 훌륭한 아동 지식정보책의 필자가 된다. 일인 기업이 되어 당신의 책을 세상에 널리 알리며 그토록 꿈꾸었던 전업 작가의 길을 갈 수도 있다.

용기를 내어 아이들에게 세상에 널려 있는 무궁무진한 지식 정보를 전달해 주는 필자가 되어 보도록 하자. 청와대 직원인 공무원부터 지극히 평범한 사람까지 누구나 쓸 수 있다.

당장 컴퓨터 앞에 앉아라. 그리고 쓰기 시작하라!

• 『성공하는 십대들의 일곱가지 습관』(손 코비, 김영사)
• 『지도 밖으로 행군하라』(한비야 , 푸른숲)
• 『영어공부 절대로 하지 마라』(정찬용, 사회평론)

◇ 연습문제

다음 글을 교정부호를 사용해 다듬어 보자.

일류대가 아닌 A대가 원하는 사람

A대는 사회에서 평가하는 기준에 속된 의하면 분명 일류대학은 아니다. 또한 소위말하는 연·고대도 아니다. 이사실이 여러분을 화나게 한다. 화가나기 때문에 학교 다닐 맛이 안 나고, 그렇기 때문에 자존심이 상하며 어떻게 하면 이 문제에서 벗어날까 고민한다. 어떤 학생은 과감히 휴학을 하거나 자퇴를 해 재수를 꿈꿀 것이다. 어떤학생은 아니꼽고 치사하지만 또다시 공부할 엄두가 안 나서 그냥 별흥미없이 학교를 다닐 것이다. 자신의 문제에 대처하는 방식은 개인에 따라 각각 다를수있고, 또 달라야한다. 하지만 문제는 자신의, 선택이 얼마나 자신의 의지에 의해 주체적으로 결정되었느냐 하는 것이다.

이도 아니고, 저도 아닌 어정쩡한 상태에서 세월을 보내는건 비겁한 행동이다. A대가 실은 사람은 싫으면서 남아있는 건 A대도원치않는다. A대가 원하는 사람은 스스로 실력을 쌓아 A대를 일류로 만들려고 하는 사람, 자신의 삶에 책임을지고 주어진 환경에서 최선을 다하는사람 인 것이다. 또한 개인의 능력으로 자신을 평가 받으려는 것이 아니라자신이 다니는 학교의 대사회적 레벨로 평가받겠다는 안이한 태도를 가진사람은 제발 이 A대를 떠나라.

◇ 정답

일류대가 아닌 A대가 원하는 사람

A대는 사회에서 평가하는 기준에 속된 의하면 분명 일류대학은 아니다. 또한 소위말하는 연·고대도 아니다. 이사실이 여러분을 화나게 한다. 화가나기 때문에 학교 다닐 맛이 안 나고, 그렇기 때문에 자존심이 상하며 어떻게 하면 이 문제에서 벗어날까 고민한다. 어떤 학생은 과감히 휴학을 하거나 자퇴를 해 재수를 꿈꿀 것이다. 어떤학생은 아니꼽고 치사하지만 또다시 공부할 엄두가 안

나서 그냥 별흥미없이 학교를 다닐 것이다. 자신의 문제에 대처하는 방식은 개인에 따라 각각 다를수있고, 또 달라야한다. 하지만 문제는 자신의 선택이 얼마나 자신의 의지에 의해 주체적으로 결정되었느냐 하는 것이다.

이도 아니고, 저도 아닌 어정쩡한 상태에서 세월을 보내는건 비겁한 행동이다. A대가 싫은 사람은 싫으면서 남아있는 건 A대도원치않는다. A대가 원하는 사람은 스스로 실력을 쌓아 A대를 일류로 만들려고 하는 사람, 자신의 삶에 책임을지고 주어진 환경에서 최선을 다하는사람 인 것이다. 또한 개인의 능력으로 자신을 평가받으려는 것이 아니라자신이 다니는 학교의 대사회적 레벨로 평가받겠다는 안이한 태도를 가진사람은 제발 이 A대를 떠나라.

✓A대를 ✓떠나라.

일류대가 아닌 A대가 원하는 사람

A대는 사회에서 평가하는 속된 기준에 의하면 분명 일류대학은 아니다. 또한 소위 말하는 연·고대도 아니다. 이 사실이 여러분을 화나게 한다. 화가 나기 때문에 학교 다닐 맛이 안 나고, 그렇기 때문에 자존심이 상하며 어떻게 하면 이 문제에서 벗어날까 고민한다.

어떤 학생은 과감히 휴학을 하거나 자퇴를 해 재수를 꿈꿀 것이다. 어떤 학생은 아니꼽고 치사하지만 또다시 공부할 엄두가 안 나서 그냥 별 흥미없이 학교를 다닐 것이다. 자신의 문제에 대처하는 방식은 개인에 따라 각각 다를수 있고, 또 달라야 한다. 하지만 문제는 자신의 선택이 얼마나 자신의 의지에 의해 주체적으로 결정되었느냐 하는 것이다. 이도 아니고, 저도 아닌 어정쩡한 상태에서 세월을 보내는 건 비겁한 행동이다. A대가 싫은 사람은 A대를 떠나라. 싫으면서 남아있는 건 A대도 원치 않는다. A대가 원하는 사람은 스스로 실력을 쌓아 A대를 일류로 만들려고 하는 사람, 자신의 삶에 책임을 지고 주어진 환경에서 최선을 다하는 사람인 것이다. 또한 개인의 능력으로 자신을 평가받으려는 것이 아니라 자신이 다니는 학교의 대사회적 레벨로 평가받겠다는 안이한 태도를 가진 사람은 제발 이 A대를 떠나라.